財務資產評價之數量方法一百問

Quantitative Methods for

VALUATION OF
FINANCIAL ASSETS

100 QUESTIONS AND ANSWERS

作者　A.S. Ramasastri

譯　者　陳智暐

校閱者　黃志典

Quantitative Methods for
VALUATION OF FINANCIAL ASSETS

A. S. Ramasastri

Copyright © 2000

by Sage Publication India Pvt Ltd

Chinese edition copyright © 2001

By Hurng-Chih Book Co.,LTD.

for sales in Worldwide

ISBN 957-0453-31-1

Printed in Taiwan, Republic of China

序言

　　本書的主題不是數量方法，也不是財務資產的評價，而是財務資產評價的數量方法。本書的目的在使讀者能熟悉財務資產評價時所需具備的數量方法。

　　過去數年來，我講授許多風險管理方面的數量方法課程，有許多機會與銀行家、執業會計師、財務分析師針對這項課題互相研討。在這些研討的過程中，我體認到一本以互動模式來討論財務資產評價之數量方法的書是必須的。這個體認促使我以問答的型式來撰寫這本書。我選擇了一百個最重要也最有用的問題做為本書的內容。雖然這些問題尚不足以表達財務管理所有的範疇，但是已經能充分地提供專業人士在財務資產評價時所需應用到的數量方法。

　　本書的架構共分為五章。前面四章討論的主題是債券、股票、投資組合、選擇權。這四項主題之所以會獲選是因為它們在金融商品市場的重要性。而其中每一章都再細分為四部分或五部分。第一部分是基本觀念，而最後一部分是數量基礎，其它的部分則是各章主題相關的評價方法與其應用。每一章可以視為一個整體來閱讀，也可以就任何特定主題的個別問題來單獨閱讀。為了方便讀者挑選有興趣的問題閱讀，本書的目錄列出所有問題的標題。這些問題的標題提供讀者所預期答案的提示。此外，問題中交互參照其它問題的部分更能幫助讀者理解相關問題的全貌。

　　第五章所討論的主題是工作表。我相信身處財務領域的專業人士必須能充分利用電腦所提供的優勢。第五章循序漸進地討論如何使用工作表計

算前面四章所談到的問題。我以Microsoft Excel軟體為例來說明如何使用工作表，因為它已經廣泛地被各界人士所採用。

關於數量方法的書不可避免的會用到一些符號，但我已試著用直覺思考的方式來解釋這些包括一堆數學符號的等式與不等式。

數量方法並不是一個極端，而是幫助我們執行進一步分析的工具。專業人士必須根據這些分析以及自身的經驗來擬定決策。本書只討論數量觀點的財務資產評價，而不討論其它財務資產評價的相關課題。

在本書的撰寫過程中，我已經考慮到專業人士的需求，並試著讓這本書變得平易近人，然而書中不免有些疏漏，仍待讀者提供寶貴的意見。

A. S. Ramasastri

譯序

　　全球商業環境的變化速度越來越快、變化幅度也越來越大，財務分析師與投資者都開始採取更專業的方法來理解資本市場的複雜性。特別是大多數人都能體會到風險管理分析方法與財務資產評價分析方法的重要性。以互動問答的方式撰寫的這本書提供了數量分析工具來評價債券、股票、投資組合、選擇權。

　　第一章討論的主題是債券，所包括的數量觀念有貨幣的時間價值、淨現值、內部投資報酬率、即期利率、遠期利率……等。第二章討論的主題是股票，所包括的數量觀念有集中趨勢衡量基準、離散趨勢衡量基準、隨機變數、機率分配……等。第三章討論的主題是投資組合，所包括的數量觀念有相關係數、迴歸係數、最佳化……等。第四章討論的主題是選擇權，所包括的數量觀念有二項分配、常態分配……等。書中以許多應用的例子來貫穿所探討的主題，並藉此加深讀者的印象與學習效果。本書最大的特點是第五章所討論的主題——工作表。針對各種的財務操作工具，作者以循序漸進的方式說明如何使用Microsoft Excel軟體來計算其資產的價值。

　　本書所精挑細選的一百個問題提供了專業人士在財務資產評價時必須具備的數量方法。作者應用實務導向、解決問題為基礎架構而撰寫成這本書，對於許多與財務工具評價相關的證券分析人員、會計人員、銀行從業人員、共同基金管理人員、創投基金管理人員、外匯交易人員、財務分析人員來說，本書絕對是一本不可或缺的工具書。此外，作者以深入淺出的

方式針對各研討主題的理論加以說明，對於初學者或是學生而言，本書絕
對足以擔當財務管理入門書的角色。

企管系列叢書—主編的話

—黃雲龍—

弘智文化事業有限公司一直以出版優質的教科書與增長智慧的軟性書為其使命，並以心理諮商、企管、調查研究方法、及促進跨文化瞭解等領域的教科書與工具書為主，其中較為人熟知的，是由中央研究院調查工作室前主任章英華先生與前副主任齊力先生規劃翻譯的《應用性社會科學調查研究方法》系列叢書，以及《社會心理學》、《教學心理學》、《健康心理學》、《組織變格心理學》、《生涯咨商》、《追求未來與過去》等心理諮商叢書。

弘智出版社的出版品以翻譯為主，文字品質優良，字裡行間處處為讀者是否能順暢閱讀、是否能掌握內文真義而花費極大心力求其信雅達，相信採用過的老師教授應都有同感。

有鑑於此，加上有感於近年來全球企業競爭激烈，科技上進展迅速，我國又即將加入世界貿易組織，為了能在當前的環境下保持競爭優勢與持續繁榮，企業人才的培育與養成，實屬扎根的重要課題，因此本人與一群教授好友（簡介於下）樂於為該出版社規劃翻譯一套企管系列叢書，在知

識傳播上略盡棉薄之力。

在選書方面，我們廣泛搜尋各國的優良書籍，包括歐洲、加拿大、印度，以博採各國的精華觀點，並不以美國書爲主。在範圍方面，除了傳統的五管之外，爲了加強學子的軟性技能，亦選了一些與企管極相關的軟性書籍，包括《如何創造影響力》《新白領階級》《平衡演出》，以及國際企業的相關書籍，都是極值得精讀的好書。目前已選取的書目如下所示（將陸續擴充，以涵蓋各校的選修課程）：

【已出版者】

《生產與作業管理》

《管理概論：全面品質管理取向》

《國際財務管理：理論與實務》

《策略管理》

《策略管理個案集》

《國際管理》

《財務資產評價的數量方法一百問》

《平衡演出》（關於組織變革與領導）

《確定情況下的決策》

《資料分析、迴歸與預測》

《不確定情況下的決策》

《風險管理》

《新白領階級》

《如何創造影響力》

　　我們認為一本好的教科書，不應只是專有名詞的堆積，作者也不應只是紙上談兵、欠缺實務經驗的花拳秀才，因此在選書方面，我們極為重視理論與實務的銜接，務使學子閱讀一章有一章的領悟，對實務現況有更深

刻的體認及產生濃厚的興趣。以本系列叢書的《生產與作業管理》一書爲例，該書爲英國五位頂尖教授精心之作，除了架構完整、邏輯綿密之外，全書並處處穿插圖例說明及140餘篇引人入勝的專欄故事，包括傢俱業巨擘IKEA、推動環保理念不遺力的BODY SHOP、俄羅斯眼科怪傑的手術奇觀、美國旅館業巨人 Formule1的經營手法、全球運輸大王 TNT、荷蘭阿姆斯特丹花卉拍賣場的作業流程、世界著名的巧克力製造商 Godia、全歐洲最大的零售商 Aldi、德國窗戶製造商Veka、英國路華汽車Rover的振興史，讀來極易使人對於生產與作業管理留下深刻印象及產生濃厚興趣。

我們希望教科書能像小說那般緊湊與充滿趣味性，也衷心感謝你(妳)的採用。任何意見，請不吝斧正。

我們的審稿委員謹簡介如下（按姓氏筆劃）：

尚榮安 助理教授

主修：國立台灣大學商學研究所 資訊管理博士
專長：資訊管理、策略管理、研究方法、組織理論
現職：東吳大學企業管理系助理教授
經歷：屏東科技大學資訊管理系助理教授、電算中心教學資訊組組長
　　　（1997-1999）

吳學良 博士

主修：英國伯明翰大學 商學博士
專長：產業政策、策略管理、科技管理、政府與企業等相關領域
現職：行政院經濟建設委員會，部門計劃處，技正
經歷：英國伯明翰大學，產業策略研究中心兼任研究員（1995-1996）
　　　行政院經濟建設委員會，薦任技士（1989-1994）
　　　工業技術研究院工業材料研究所，副研究員（1989）

林曾祥　副教授

主修：國立清華大學工業工程與工程管理研究所 資訊與作業研究博士

專長：統計學、作業研究、管理科學、績效評估、專案管理、商業自
　　　動化

現職：國立中央警察大學資訊管理研究所副教授

經歷：國立屏東商業技術學院企業管理副教授兼科主任（1994-1997）
　　　國立雲林科技大學工業管理研究所兼任副教授
　　　元智大學會計學系兼任副教授

林家五　助理教授

主修：國立台灣大學商學研究所組 織行為與人力資源管理博士

專長：組織行為、組織理論、組織變革與發展、人力資源管理、消費
　　　者心理學

現職：國立東華大學企業管理學系助理教授

經歷：國立台灣大學工商心理學研究室研究員(1996-1999)

侯嘉政　副教授

主修：國立台灣大學商學研究所 策略管理博士

現職：國立嘉義大學企業管理系副教授

高俊雄　副教授

主修：美國印第安那大學 博士

專長：企業管理、運動產業分析、休閒管理、服務業管理

現職：國立體育學院體育管理系副教授、體育管理系主任

經歷：國立體育學院主任秘書

孫 遜 助理教授

主修：澳洲新南威爾斯大學 作業研究博士（1992-1996）

專長：作業研究、生產/作業管理、行銷管理、物流管理、工程經濟、統計學

現職：國防管理學院企管系暨後勤管理研究所助理教授（1998）

經歷：文化大學企管系兼任助理教授（1999）

　　　明新技術學院企管系兼任助理教授（1998）

　　　國防管理學院企管系講師（1997-1998）

　　　聯勤總部計劃署外事聯絡官（1996-1997）

　　　聯勤總部計劃署系統分系官（1990-1992）

　　　聯勤總部計劃署人力管理官（1988-1990）

黃志典 副教授

主修：美國威斯康辛大學麥迪遜校區 經濟學博士

專長：國際金融、金融市場與機構、貨幣銀行

現職：國立台灣大學國際企業管理系副教授

黃家齊 助理教授

主修：國立台灣大學商學研究所 商學博士

專長：人力資源管理、組織理論、組織行為

現職：東吳大學企業管理系助理教授、副主任，東吳企管文教基金會執行長

經歷：東吳企管文教基金會副執行長（1999）

　　　國立台灣大學工商管理系兼任講師

　　　元智大學資訊管理系兼任講師

　　　中原大學資訊管理系兼任講師

黃雲龍　助理教授

主修：國立台灣大學商學研究所 資訊管理博士

專長：資訊管理、人力資源管理、資訊檢索、虛擬組織、知識管理、
　　　電子商務

現職：國立體育學院體育管理系助理教授，兼任教務處註冊組、課務
　　　組主任

經歷：國立政治大學圖書資訊學研究所博士後研究（1997-1998）
　　　景文技術學院資訊管理系助理教授、電子計算機中心主任
　　　（1998-1999）
　　　台灣大學資訊管理學系兼任助理教授（1997-2000）

連雅慧　助理教授

主修：美國明尼蘇達大學人力資源發展博士

專長：組織發展、訓練發展、人力資源管理、組織學習、研究方法

現職：國立中正大學企業管理系助理教授

許碧芬　副教授

主修：國立台灣大學商學研究所 組織行為與人力資源管理博士

專長：組織行為/人力資源管理、組織理論、行銷管理

現職：靜宜大學企業管理系副教授

經歷：東海大學企業管理學系兼任副教授（1996-2000）

陳禹辰

主修：國立中央大學資訊管理研究所博士

現職：私立東吳大學企業管理系助理教授

經歷：任職資策會多年

陳勝源　副教授

主修：國立臺灣大學商學研究所 財務管理博士

專長：國際財務管理、投資學、選擇權理論與實務、期貨理論、金融
　　　機構與市場

現職：銘傳大學管理學院金融研究所副教授

經歷：銘傳管理學院金融研究所副教授兼研究發展室主任（1995-
　　　1996）

　　　銘傳管理學院金融研究所副教授兼保險系主任（1994-1995）

　　　國立中央大學財務管理系所兼任副教授（1994-1995）

　　　世界新聞傳播學院傳播管理學系副教授（1993-1994）

　　　國立臺灣大學財務金融學系兼任講師、副教授（1990-2000）

劉念琪　助理教授

主修：美國明尼蘇達大學人力資源發展博士

現職：國立中央大學人力資源管理研究所助理教授

謝棟梁　博士

主修：國立台灣大學商學研究所 資訊管理博士

專長：資訊管理、策略管理、財務管理、組織理論

現職：行政院經濟建設委員會

經歷：國立台灣大學資訊管理系兼任助理教授（1999-2001）

　　　文化大學企業管理系兼任助理教授

　　　證卷暨期貨發展基金會測驗中心主任

　　　中國石油公司資訊處軟體工程師

　　　農民銀行行員

謝智謀　助理教授

主修：美國Indiana University公園與遊憩管理學系休閒行為哲學博士

專長：休閒行為、休閒教育與諮商、統計學、研究方法、行銷管理

現職：國立體育學院體育管理學系助理教授、國際學術交流中心執行
　　　秘書
　　　中國文化大學觀光研究所兼任助理教授

經歷：Indiana University 老人與高齡化中心統計顧問
　　　Indiana University 體育健康休閒學院統計助理講師

目　錄

第一章　債券

基本觀念

評　價

第二章　股票

第三章　投資組合

第四章　選擇權

基本觀念

第五章　工作表

投資組合

選擇權

第一章

債　券

基本觀念

問題1　債券的到期殖利率（YTM）為何？

　　在我們討論債券的到期殖利率之前，我們先來了解債券的一些重要特性。債券是一種固定收益證券，債券持有者可以在事先預定的時間點取得固定的現金流量。一般來說，這些收益包括債券面值與票面利息兩部分。

　　票面利息是一種定期的等額現金流量，支付的間隔時間與金額通常已事先預定，金額大小需視債券的票面利率而定。債券面值即是到期時要支付的本金。最後一期的票面利息與債券面值為同時發生的現金流量。

　　假設某一債券發行者同意在八年後支付債券持有者$1,000，同時每半年支付一次年利率12％的等額現金流量。若債券發行日為2001年6月30日，債券持有者將會在2001年12月31日、2002年6月30日、2002年12月31日……每半年收到$60，在2009年6月30日債券持有者將同時收到$60與$1,000。

　　在這個例子，債券面值為$1,000，票面利率為12％，每半年支付一次的票面利息為$60。債券到期日為2009年6月30日，債券發行日的債券到期期間為8年，2001年12月31日的債券到期期間為7年半，2002年6月30日的債券到期期間為7年。

　　我們已經知道債券的三個特性：面值、票面利息、到期期間。這三個債券既有的特性不會隨著外在環境的任何變化而改變。

　　但有一些與債券有關的因素並不像上述三個特性，它們會隨著市場因素而變動。比方說債券的價格就是其中之一。債券的買價或賣價會根據一些市場因素而定，我們在後面會再詳細提到債券評價的機制。現在我們試著瞭解債券到期殖利率的概念。

若某一債券的面值為$1,000，每年支付的票面利息為$120，則票面利率為12％。12％這個數字可以視為債券的報酬率或殖利率，但它的計算與債券價格無關。報酬率的計算應該考慮實際的現金流量，也就是債券的價格。假設此債券的價格為$960，債券買主投資$960，每年可收到$120。要知道殖利率的方法之一是計算所投資$960的報酬率，即是（120÷960）×100％＝12.5％。

殖利率的定義很簡單，但沒有考慮到不同時點所收到票面利息的折現值與債券到期所收到面值的折現值。我們很想知道投資$960後，在8年期間內每半年收到$60，且在8年後收到$1,000的報酬率為何。

為計算方便起見，假設某一2年期債券面值為$1,000，票面利息為每年$50。若該債券價格為$946.93，即債券持有者今日投資$946.93，則第一年末可收到$50，第二年末可收到$1,050。

設y為報酬率，則$946.93在第一年末會變為$946.93×（1＋y）。此時，我們收到$50，因此第二年初的投資金額為$〔946.93×（1＋y）－50〕。在第二年末時，投資金額會變為$〔946.93×（1＋$y$）－50〕×（1＋$y$）。因為債券持有者在第二年末收到$1,050，我們可以得到下列的算式：

$$〔946.93 \times (1＋y) － 50〕 \times (1＋y) = 1,050$$

算式也可以寫成：

$$946.93 = \frac{50}{(1＋y)} + \frac{1,050}{(1＋y)^2}$$

我們必須由上面的算式求解y。y即是現金流量的內部報酬率

（IRR），我們將在問題18對IRR有更進一步的瞭解。現金流出為$946.93，現金流入為第一年末的$50與第二年末的$1,050。今日投資$946.93，且第一年末可收到$50，第二年末可收到$1,050的報酬率稱為到期殖利率（YTM）。該債券的YTM經計算可知為7.99％。

YTM是使所有債券到期期間內票面利息與期末債券面值之折現值總和等於債券價格的報酬率。因此，我們常說YTM即等於殖利率。

問題2　即期利率與遠期利率各為何？

即期利率是與即期合約有關的利率。即期合約的意義：若貸方即刻交付借方一筆金額，借方必須在未來某一事先約定的時間交付原先的借款金額與利息。在即期合約中所明訂的利率就是**即期利率**。

純折現債券是一種不支付票面利息的債券，也稱為**零息債券**。這種債券只有在到期時才會以整筆的方式支付金額。我們將在問題10對零息債券有更進一步的瞭解。即期利率就是在衡量零息債券在某一時點的到期殖利率。

若P為債券價格，F為n年後的債券面值，則n年期的即期利率S_n可以由下列算式求解：

$$P = \frac{F}{(1+S_n)^n}$$

若面值$1,000的3年期零息債券價格為$750，則3年期的即期利率可以由下列等式求得：

$$750 = \frac{1,000}{(1+S_n)^n}$$

計算可知S_3爲10％。

　　即期利率是根據不同到期期間的零息債券之價格所算出的到期殖利率，但我們可能無法找到所有不同到期期間的零息債券。或許我們可以找到1年期債券（364天期國庫券），並藉此算出1年期的即期利率S_1。或許我們可以找到不同到期期間的付息債券。若2年期付息債券的面值爲F，每年的票面利息爲C，則此債券之價格可經由票面利息與面值加總的現值求得（問題3）。我們可算出債券的價格爲：

$$P = \frac{C}{(1+S_1)} + \frac{(F+C)}{(1+S_2)^2}$$

計算可知S_3爲10％。

　　假設我們已知1年期的零息債券之價格爲\$934.58，每年票面利息\$50的2年期債券之價格爲\$946.93，藉由下列的算式我們可以求解1年期的即期利率S_1：

$$934.58 = \frac{1,000}{(1+S_1)}$$

計算可知S_1爲7％。

　　既然已知S_1，我們可以藉由下列的算式求解S_2：

$$946.93 = \frac{50}{(1+S_1)} + \frac{1,050}{(1+S_2)^2}$$

計算可知S_2爲8％。

通常我們可以找到不同到期期間的付息債券與1年期債券（364天期國庫券）的資訊，並藉此計算許多即期利率。這些即期利率可以用來決定折現因子。

學過即期利率後，我們來看遠期利率。

上面的例子中，1年期債券的即期利率為7％，也就是說資本市場機能決定了一年後$1的現值為1／1.07，即$0.9346。如果資本市場上1年期的即期利率為7％，0.9346即是我們用來乘以未來現金流量以求得現值的折現因子。同理，若2年期的即期利率為8％，2年期的折現因子為1／1.08^2，即0.8573。

我們也可以用不同的方法來看。兩年後$1的現值可以藉由兩個步驟求得。首先算出兩年後的$1在第一年末的現值；然後將這個值再折現一次即可得到兩年後$1在現今的現值。若在第一年末，假設距今兩年後$1的現值之折現率為$f_{1,2}$（即第一年末與第二年末之間的折現率），則第二年末的$1在第一年末的現值為；再將這個值以資本市場上1年期即期利率7％折現，即可得到兩年後$1在現今的現值。因此，藉由兩步驟求得的兩年後$1之現值為1／（$1+f_{1,2}$）（1＝0.07），這個值必須等於由2年期即期利率8％折現求得的0.8573。

$$\frac{1}{(1+f_{1,2})(1=0.07)} = 0.8573$$

求解上列的算式，我們算出$f_{1,2}$等於9.01％。但是$f_{1,2}$表示什麼意義？這就是一般所稱「第一年到第二年的遠期利率」，也就是求解第二年末的$1在第一年末的現值所使用的折現率。

我們可以將上述的推論以下列的算式表示：

$$\frac{1}{(1+f_{1,2})(1+S_1)} = \frac{1}{(1+S_2)^2}$$

或是改寫為：

$$(1+f_{1,2}) = \frac{(1+S_1)}{(1+S_2)^2}$$

或是：

$$(1+f_{1,2})(1+S_1) = (1+S_2)^2$$

一般來說，t-1年與t年之間，即期利率與遠期利率的關係為：

$$(1+S_{t-1})^{t-1}(1+f_{t-1,t}) = (1+S_t)^t$$

遠期利率的意義：求解第t年末的\$1在第t-1年末的現值所使用的折現率。

遠期利率另外一種解釋方式：假設現有某一借貸合約規定貸方在一年後將借貸金額交付借方，且借方在兩年後將借貸金額連同利息交付貸方，此種合約就稱為**遠期合約**，合約中所訂定的利率就稱為**遠期利率**。我們必須注意這個遠期利率與一年後起算的1年期即期利率是不同的。遠期利率應用在現今所訂定但與未來某段期間相關的合約，這個利率是已經確定的。但若某人要在一年後以1年期即期利率借款，他/她所能得到的利率可能比現今的遠期利率好，也可能比較差。因為未來的即期利率是難以預測的。

評價

問題3　債券的真實價值為何？

我們先前已提過債券特性包括面值、票面利息、到期期間。這些現金流量發生的時點與金額大小不會隨著外在環境的任何變化而改變。我們所要考慮的問題重點是債券交易的價格。換句話說，債券的價值為何？

比方說像債券這樣的固定收益證券，未來現金流量的現值即是債券的價值。我們將在問題16對現值有更進一步的瞭解。因為債券持有者在事先預定的未來時點可收到固定的票面利息，且在期末收到債券面值，我們可以計算這些現金流量的現值。我們必須選擇一個適當的折現率將這些現金流量折現，然後求得現值。

在本章我們使用到期殖利率作為折現率。從問題1我們已知債券的到期殖利率就是債券衍生現金流量的內部報酬率，現在我們需要一個指標性的到期殖利率以計算債券的價值。我們可以從資本市場得到這些指標性的到期殖利率。從初級市場的拍賣活動與次級市場的交易活動，我們可以得到債券的買價與賣價。一旦我們知道債券的價格，就知道該如何計算到期殖利率（問題1與2）。

在計算不同到期期間債券的到期殖利率之後，我們可以繪製一張座標圖，橫軸為到期期間，縱軸為相對應的到期殖利率，這樣的一張圖通常稱為**殖利率曲線圖**。一般我們期盼某一較長到期期間證券的殖利率會比另一較短到期期間證券的殖利率還要高，因為殖利率曲線通常是向上傾斜的。但若資本市場對未來殖利率的期盼有所不同，殖利率曲線還是可能向下傾斜。在這種情況下，較短到期期間債券的殖利率會比較長到期期間債券的殖利率還要高。當然有時殖利率曲線可能是平坦的。

殖利率曲線告訴我們不同到期期間債券的到期殖利率。若我們選擇適當的到期殖利率求得債券面值與所有票面利息的現值，我們可以計算債券的真實價值。

根據問題1，假設某一票面利率12％的債券面值為$1,000，票面利息每半年支付一次，債券到期期間為8年，資本市場上指標性的到期殖利率為13％，則債券的價值為連續8年每半年收到$60與8年後收到$1,000的現值加總。將這些現金流量每半年以6.5％折現一次，可得下列算式：

$$價格 = \frac{60}{(1+0.065)} + \frac{60}{(1+0.065)^2} + \ldots\ldots + \frac{1,060}{(1+0.065)^{16}}$$

即等於$951.16。

問題4　債券的價值與債券的到期殖利率如何相關？

債券的價值與債券的到期殖利率呈反比關係。若到期殖利率上升，則債券的價值減少；反之，若到期殖利率下降，則債券的價值增加。

根據問題1與3及到期殖利率等於13％的假設，我們可以計算8年內現金流量的現值以求解債券的價格。當到期殖利率等於13％，債券的價格為：

$$\frac{60}{(1+0.065)} + \frac{60}{(1+0.065)^2} + \ldots\ldots + \frac{1,060}{(1+0.065)^{16}} = \$951.16$$

若我們將到期殖利率改為12.5％與13.5％，看看會對債券的價格有什麼影響。

當到期殖利率等於12.5％，債券價格的計算如下：

$$\frac{60}{(1+0.0625)}+\frac{60}{(1+0.0625)^2}+\cdots\cdots+\frac{1,060}{(1+0.0625)^{16}}=\$975.16$$

同樣地，當到期殖利率等於12.5％，債券的價格為：

$$\frac{60}{(1+0.0675)}+\frac{60}{(1+0.0675)^2}+\cdots\cdots+\frac{1,060}{(1+0.0675)^{16}}=\$927.96$$

由於到期殖利率在分母位置，因此若到期殖利率下降，債券的價值增加；若到期殖利率上升，債券的價值減少。

到期殖利率下降所導致的債券價值增加與到期殖利率上升所導致的債券價值減少並不相等。根據我們討論的例子，到期殖利率的上升與下降都是0.5％。當我們把到期殖利率由13％改為12.5％，債券的價格由$951.16增加到$975.16，增加了$24.00；當我們把到期殖利率由13％改為13.5％，債券的價格由$951.16減少到$927.96，減少了$23.20。對於到期殖利率相同的變化0.5％，債券價格的增加$24.00比債券價格的減少$23.20還要多。

我們將到期殖利率等於12％與14％的債券價格計算結果列在**表**4.1。

表4.1

到期殖利率	價格	價格的減少	減少的變化趨勢
12％	1,000.00		
12.5％	975.16	24.84	
13％	951.16	24.00	0.84
13.5％	927.96	23.20	0.80
14％	905.53	22.43	0.77

表4.1清楚地說明：

    a. 當到期殖利率下降，債券的價格增加；當到期殖利率上升，債券的
        價格減少。

    b. 到期殖利率下降所導致的債券價格增加比起到期殖利率上升所導致
        的債券價格減少還要小。

    我們可以得到一個結論：當到期殖利率上升，債券的價格以某一縮減率減少。當到期殖利率分別由12％上升至12.5％、12.5％上升至13％、13％上升至13.5％、13.5％上升至14％，債券價格的減少分別是$24.84、$24.00、$23.20、$22.43。

    根據例子所得的以上結論有時被正式地稱為**債券價值理論**(bond value theorems)。

問題5　票面利息與到期殖利率的關係如何影響債券的溢價或折價？

    債券有其面值。若債券的價格較其面值高，則稱此債券為溢價；若債券的價格較其面值低，則稱此債券為折價。債券的溢價或折價即等於債券在資本市場的價格與債券面值的差異。

    債券的溢價或折價需視債券票面利息與到期殖利率的關係而定。我們舉個例子來看債券溢價或折價的型式。

    假設某一5年期票面利率10％的債券面值為$1,000，票面利息每半年支付一次，我們將觀察到期殖利率的變動如何影響債券價格的變動。我們先從到期殖利率等於8％開始。債券的價值為債券面值與所有票面利息的折現值總和，折現率即為到期殖利率。

$$\frac{50}{(1+0.04)} + \frac{50}{(1+0.04)^2} + \ldots\ldots + \frac{1,050}{(1+0.04)^{10}} = \$1,081.11$$

此債券為溢價，溢價金額為\$81.11。現在假設到期殖利率為12％，我們來看債券的價值。

$$\frac{50}{(1+0.06)} + \frac{50}{(1+0.06)^2} + \ldots\ldots + \frac{1,050}{(1+0.06)^{10}} = \$926.40$$

此債券為折價，折價金額為\$73.60。我們來看到期殖利率等於10％的狀況。

$$\frac{50}{(1+0.05)} + \frac{50}{(1+0.05)^2} + \ldots\ldots + \frac{1,050}{(1+0.05)^{10}} = \$1,000.00$$

此債券為平價。

從以上這些計算，我們可以推論：

a. 若到期殖利率高於票面利率，此債券為折價。

b. 若到期殖利率等於票面利率，此債券為平價。

c. 若到期殖利率低於票面利率，此債券為溢價。

問題6　債券的價格與債券的到期期間如何相關？

債券價格與債券到期期間的關係有以下兩種主張被正式地稱為債券價值理論。

假設在債券到期期間內的殖利率不變，

a. 若債券的到期期間縮短，則債券的溢價或折價金額也隨之變小。

b. 若債券的到期期間縮短，則債券的溢價或折價金額以某一增加速率

變小。

藉由以下的例子，我們試著理解上述的主張。

某一5年期票面利率14％的債券面值為$1,000，假設在債券到期期間內的到期殖利率維持在13.5％，讓我們觀察債券到期期間的變動如何影響債券價值的變動。首先我們設債券到期期間為5年，則債券的價值為：

$$\frac{70}{(1+0.0675)} + \frac{70}{(1+0.0675)^2} + \ldots\ldots + \frac{1,070}{(1+0.0675)^{10}} = \$1,017.76$$

當到期殖利率低於票面利率時，此債券為溢價（問題5）。此債券的溢價金額為$17.76。

現在我們觀察若債券的到期期間由5年改為4年，債券的溢價會有什麼變化。當到期期間等於4年，債券的價值為：

$$\frac{70}{(1+0.0675)} + \frac{70}{(1+0.0675)^2} + \ldots\ldots + \frac{1,070}{(1+0.0675)^8} = \$1,015.07$$

到期期間等於4年的債券溢價金額為$15.07，較到期期間等於5年的債券溢價金額$17.76還要少。

表6.1列出各種不同到期期間債券的價格、溢價金額、溢價金額的減少。

根據這個表，我們可以看到債券的溢價金額從到期期間5年的$17.76，降至到期期間2年的$8.52。同時我們也看到溢價金額的減少並非等值。溢價金額的減少起初很微小。若債券到期期間由5年改為4年，溢價金額的減少為$2.69；但若債券到期期間由3年改為2年，溢價金額的減少

表6.1

到期期間	價格	溢價金額	溢價金額的減少
5	1,017.76	17.76	
4	1,015.07	15.07	2.69
3	1,012.01	12.01	3.06
2	1,008.52	8.52	3.49

表6.2

到期期間	價格	折價金額	折價金額的減少
5	982.64	17.36	
4	985.22	14.78	2.58
3	988.18	11.82	2.96
2	991.58	8.42	3.40

為$3.49。

　　從債券折價的例子也可以觀察到類似的現象。根據問題5，我們已知若到期殖利率高於債券票面利率，此債券為折價。引用相同的例子，但我們將到期殖利率由13.5％改為14.5％，表6.2列出各種不同到期期間債券的價格、折價金額、折價金額的減少。

問題7　債券的存續期間為何？如何計算？

　　債券的存續期間是衡量債券所有現金流量平均到期期間的指標。更精確地說，它是所有尚存現金流量到期期間的加權平均。

　　存續期間在下列公式中以D表示：

$$D = \frac{\Sigma PV(C_t) \times t + PV(FV) \times T}{\Sigma PV(C_t) \times PV(FV)}$$

- T表示到期期間
- t表示支付票面利息的時點
- C_t表示在時點t所支付的票面利息金額
- FV表示面值
- PV表示現值

分母的部分（面值與所有票面利息的現值總和）正好等於債券的價格。

不論是面值或是票面利息，上述公式對各現金流量的時點給予加權平均。若現金流量並非完全相等，簡單的平均可能沒有什麼意義。因此，存續期間的定義是加權平均的，而權值乃是依各現金流量的現值而定。

要理解此公式，我們假設某一到期期間3年的債券面值為$1,000，該債券每年的票面利息為$80，到期殖利率為10％。存續期間計算過程如**表7.1**所示。

表7.1

現金流量的時間	現金流量的金額	現金流量現值	現金流量現值×現金流量的時間
1	80	72.73	72.73
2	80	66.12	132.24
3	1,080	811.42	2,434.26
		950.27	2,639.23

$$存續期間年 D = \frac{2,639.23}{950.27} = 2.78年$$

　　存續期間的衡量單位為時間，可以是年、月、日。存續期間衡量債券在資本市場的風險性。存續期間越長，風險就越高。我們來看存續期間如何成為衡量風險的指標。

　　債券的面值與票面利息都是固定不變的，所以沒有不確定性的現金流量。債券所承擔的唯一風險是資本市場風險（利率風險），它之所以會發生是因為資本市場上到期殖利率的變動。若到期殖利率上升，則債券的價值減少。存續期間提供一種因到期殖利率變動導致債券價值變動的衡量指標。

問題8　債券的存續期間與債券價格的變動如何相關？

　　在討論這個問題之前，我們先來看票面利息多寡對債券價格的影響。根據問題4與6，我們已知道債券價值與到期殖利率以及到期期間的關係。關於票面利息，我們可以推論：若票面利率較高，因為到期殖利率變動所導致的債券價格變動百分比會比較小。當然這項推論並不適用於永續年金債券，因為它們沒有確切的到期期間。此外，這項推論也不適用於到期期間小於1年的債券。

　　假設某一5年期債券面值為$1,000，我們要觀察當每年票面利息分別為$100、$110、$120時，到期殖利率的變動會造成債券價格如何的變動。我們來看到期殖利率由10.5％上升到11.5％的情形。

　　當到期殖利率等於10.5％，每年票面利息$100且面值為$1,000的5年期債券其價值為：

$$\frac{100}{(1+0.105)} + \frac{100}{(1+0.105)^2} + \cdots\cdots + \frac{1,100}{(1+0.105)^5} = \$981.29$$

同樣地,我們可以求得到期殖利率等於10.5%時,每年票面利息分別為$110、$120且面值為$1,000的5年期債券其價值分別為$1,018.71、$1,056.14。若到期殖利率等於11.5%時,每年票面利息分別為$100、$110、$120且面值為$1,000的5年期債券其價值分別為$942.24、$981.75、$1,018.25。上述結果如表8.1所示。

表8.1

票面利息	到期殖利率10.5%的價格	到期殖利率11.5%的價格	價格變動的百分比
100	981.29	945.25	3.67%
110	1,018.71	981.75	3.63%
120	1,056.14	1,018.25	3.59%

若票面利息為$120,到期殖利率變動所導致的債券價格變動百分比為3.59%。若票面利息由$120降為$110或$100,相同的到期殖利率變動所導致的債券價格變動百分比增加為3.63%或3.67%。

我們觀察相同到期期間的債券發現:若票面利息不同,這些債券面對相同的到期殖利率變動所導致價格變動的百分比也不同。存續時間近似的債券在面對相同到期殖利率變動所導致價格變動的百分比才會近似。到期殖利率變動與債券價格的關係可以用下列的等式大略表示:

價格變動的百分比 $= -D \times$〔(1+債券到期殖利率)的變動百分比〕

這個等式只描繪出粗略的關係,而非精確的關係。D之前的負號表示到期殖利率的變動與價格的變動呈反向關係。

假設A與B兩債券的存續期間分別為3年與4年,B債券到期殖利率變動所導致價格變動的百分比高於A債券。債券價格的變動可能增加或減少,但債券價值的減少比較值得我們關心,因為我們想知道債券的風險性。B債券價值減少的幅度比A債券價值減少的幅度還要大,所以我們可以說B債券的資本市場風險(利率風險)比較高。

問題9　債券的凸性為何?債券的凸性與債券的存續期間關係為何?

關於債券價格與其到期殖利率的關係我們有兩項主張:一、債券價格與其到期殖利率呈反比關係;二、根據問題4,針對相等的到期殖利率變動程度,到期殖利率上升所導致的債券價格減少幅度比起到期殖利率下降所導致的債券價格增加幅度還要大。以上這兩項主張即是凸性的概念。

若我們將到期殖利率與債券價格畫在同一張座標圖上,圖形就如圖9.1所示。

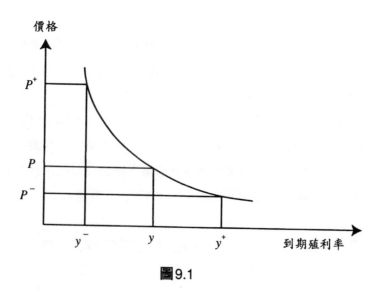

圖9.1

到期殖利率 y^-、y、y^+ 所對應的債券價格分別為 P^-、P、P^+。若到期殖利率由 y 上升到 y^+，則債券價格由 P 減少到 P^-；若到期殖利率由 y 下降到 y^-，則債券價格由 P 增加到 P^+。針對相等的到期殖利率變動程度，不論是由 y 變為 y^+ 或 y^-，我們可以清楚的看到債券價格由 P 增加到 P^+ 的幅度比起債券價格由 P 減少到 P^- 的幅度還要大。圖形中曲線的形狀剛好解釋此種債券價格變動的行為。

圖形中曲線向下傾斜的形狀剛好表示債券價格與其到期殖利率呈反比關係的第一項主張。當我們從原點觀看一條向下傾斜的曲線，曲線的形狀可以是凸出的、平坦的、凹陷的。若曲線的形狀是平坦的，獨立變數（x軸）的變動所導致相關變數（y軸）的增減程度都是一樣的；若曲線的形狀是凹陷的，獨立變數（x軸）的變動所導致相關變數（y軸）的減少程度大於相關變數（y軸）的增加程度。只有突出形狀的曲線可以真正表示債券價格（y軸）與到期殖利率（x軸）之間關係的第二項主張。因此價格－殖利率曲線的形狀必須是凸出的。

曲線的彎曲程度（即為凸性）必須視債券的票面利息、到期期間、市場價格而定。凸性的大小必須藉由曲線的斜率來衡量。曲線的斜率為一階導數 dy/dx。

現在我們來看存續期間與凸性的關係（圖9.2）。

到期殖利率 y^-、y、y^+ 所對應的債券價格分別為 P^+、P、P^-。若到期殖利率由 y 下降到 y^-，則債券價格由 P 增加到 P^+；同樣地，若到期殖利率由上升到，則債券價格由減少到。

若我們使用存續期間與債券價格的近似公式（問題8）來計算債券價格，到期殖利率 y^+ 與 y^- 所對應的債券價格分別為 P_d^- 與 P_d^+。P_d^- 與 P_d^+ 的值並非真正的債券價格 P^- 與 P^+。當使用存續期間與債券價格的近似公式（問題8）來計算債券價格時，我們假設債券價格的變動與其到期殖利率呈線性關係。但事實上，凸性是建立在債券價格的變動與其到期殖利率之間的

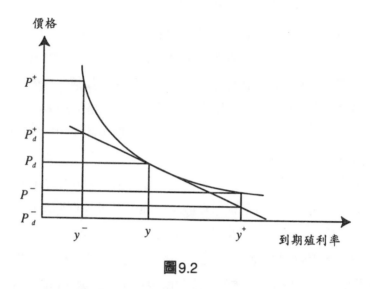

圖9.2

非線性向下傾斜凸形關係。因此根據存續期間衡量的債券價格只是一個近似值。但對於到期殖利率的微小變動，這樣的近似值已經算是可以接受的。

問題10 零息債券為何？零息債券的特性為何？

我們已知在債券到期期間內的定期定額現金流量稱為票面利息，到期期間終止時的整筆現金流量稱為面值。但有些債券並沒有票面利息，只有在到期期間終止時有整筆的現金流量，這種類型的債券稱為**零息債券**（ZCB）。

債券的價格是溢價或折價需視其到期殖利率是否大於或小於票面利率而定（問題5）。零息債券的票面利率等於0，所以到期殖利率一定大於票面利率，因此零息債券的價格一定是折價。折價的金額需視到期殖利率與到期期間而定。到期殖利率越高，折價的金額越大；到期期間越長，折價的金額也越大。若到期殖利率上升，零息債券的價格減少；若到期期間增長，零息債券的價格也減少。

假設某一5年期零息債券的面值為$1,000，若到期殖利率為12％，則此債券價格為：

$$價格 = \frac{1,000}{(1+0.12)^5} = \$567.43$$

零息債券價格與其到期殖利率的關係就如同付息債券價格與其到期殖利率的關係一般。若到期殖利率上升，零息債券的價格就會減少；若到期殖利率下降，零息債券的價格就會增加。一單位到期殖利率上升所導致的零息債券價格減少幅度小於一單位到期殖利率下降所導致的零息債券價格增加幅度，因此零息債券的價格—殖利率曲線形狀是凸出的。

零息債券價格與其到期期間的關係就如同付息債券價格與其到期期間的關係一般。若到期期間縮減，零息債券的價格減少會基於某一增加的速率。

到期殖利率的變動對零息債券的影響比對付息債券的影響還要大。假設A債券為5年期的零息債券，面值為$1,000；B債券為5年期票面利率13％的債券，面值為$1,000。

我們已計算過當到期殖利率等於12％的A債券價格為$567.43。而票面利率13％的B債券的價格為：

$$\frac{130}{(1+0.12)} + \frac{130}{(1+0.12)^2} + \cdots\cdots + \frac{130}{(1+0.12)^5} = \$1,036.05$$

現在我們來觀察到期殖利率的變動對這兩種債券的影響。**表**10.1列出到期殖利率分別等於12％、11.5％、11％時，A債券與B債券分別的價格。從**表**10.1我們可以看出到期殖利率變動時，這兩種債券的價格變動情形。

表10.1

到期殖利率	零息債券的價格	票面利率13％的債券價格
12％	567.43	1,036.05
11.5％	580.26	1,054.75
11％	593.45	1,073.92

若到期殖利率由11％上升至11.5％，零息債券的價格由$593.45減少至$580.26，減少了$13.19，也就是2.22％（12.99÷593.45×100％）。同樣地，若到期殖利率由11％上升至11.5％，票面利率13％的債券價格由$1,073.92減少至$1,054.75，減少了$19.17，也就是1.78％（19.17÷1,073.92×100％）。

就到期殖利率變動所導致債券價格變動的百分比而言，零息債券較具風險性。這可以由債券存續期間的觀點來解釋。我們從問題7已知存續期間是衡量債券風險性的指標。存續期間越長，債券的風險性越高。讓我們來比較兩個相似債券的存續期間，其中一個付息，另一個不付息。

根據之前的例子，我們有兩種債券：其中一個為票面利率13％的債券；另一個為零息債券。我們來計算若到期殖利率等於11％，這兩種債券的存續期間。

首先我們計算票面利率13％債券的存續期間：

$$D_{13\%} = \frac{1 + PV(130) + 2 \times PV(130) + \cdots\cdots + 5 \times PV(1,130)}{\text{面值與所有票面利息的現值加總}}$$

$$= \frac{1 \times 117.12 + 2 \times 105.51 + 3 \times 95.05 + 4 \times 85.64 + 5 \times 670.60}{\text{債券的價格}}$$

$$= \frac{4,308.84}{1,073.92} = 4.01\text{年}$$

現在我們來計算零息債券的存續期間：

$$D_{零息債息} = \frac{5 \times PV\,(1{,}000)}{PV\,(1{,}000)} = 5\text{年}$$

零息債券的存續期間一定等於其到期期間；付息債券的存續期間一定小於其到期期間。因為零息債券的存續期間一定比較長，所以零息債券的風險性一定比付息債券還要高。

應　用

問題11　中和為何？如何中和債券的投資組合？

若利率變動未對某一債券的投資組合產生很大的反向影響，則稱此債券投資組合為中和。中和的達成必須藉由計算未來現金流出的存續期間，同時投資一個有相等存續期間的債券投資組合。首先我們要知道投資組合存續期間的概念。債券投資組合的存續期間是投資組合中個別債券存續期間的加權平均值。假設A債券與B債券的存續期間分別為4年與8年，且四分之一的資金投資於A債券，另外四分之三的資金投資於B債券，則此債券投資組合的存續期間為（1／4）×4＋（3／4）×8，即等於7年。

若某一經理人的投資組合只有一筆$1,000,000的現金流出在2年後發生，因為現金流量只有一筆，所以其存續期間為2年。假設該經理人有兩個投資選擇：1年期債券與3年期債券。

該經理人可以將全部資金投資於1年期債券，且在一年後將所得的報酬連同原先的資金再投資於1年期債券。如此，該經理人會面對再投資利率風險。若一年後的利率下降，則第一年後所得的報酬與原先資金再投資

的利率會較低。

　　換個方式,該經理人可以將全部資金投資於3年期債券,且在兩年後就將這些債券以市場價格賣出。如此,該經理人面對的是利率風險。若在賣出債券的時點利率上升,則債券的價格會下滑。

　　投資1年期債券或3年期債券這兩種策略都有風險性,不論是再投資利率風險或是利率風險。再投資利率風險發生在利率下降時,而利率風險發生在利率上升時。因為這兩種風險發生在相反方向的利率變動,所以有可能找出一個包含這兩種債券的投資組合使風險的作用失效。這個程序即稱為**中和**。藉由構建一個存續期間等於2年的債券投資組合,即可達成中和。

　　假設1年期債券與3年期債券的現金流量如下:1年期債券只有一筆在第一年末的現金流入\$1,070;3年期債券則在第一年末、第二年末、第三年末的現金流入分別為\$80、\$80、\$1,080。1年期債券的存續期間就像無息債券一樣為1年;根據問題7,經計算可得3年期債券的存續期間為2.78年。現在我們必須知道這兩種債券的投資比例。

　　若 $W1$ 與 $W2$ 分別為1年期債券與3年期債券的投資比例:

$$W1 + W2 = 1$$

$$W1 \times 1 + W2 \times 2.78 = 1$$

　　第一個等式說明權值的加總必須等於1。第二個等式說明債券投資組合的存續期間等於2年。藉由求解上列兩個等式,我們可以得到這兩種債券的投資比例。從第一個等式,我們知道 $W1$ 等於 $1 - W2$。將第二個等式的 $W1$ 以 $1 - W2$ 取代,可以得到下列算式:

$$1 - W2 + \times 2.78 \times W2 = 2$$

$$1.78W2 = 1$$

$$W2 = 1/1.78 = 0.5618$$

將$W2$的值代入第一個等式，可以得到：

$$W1 = 1/1 - 0.5618 = 0.4382$$

為了達成中和，該經理人必須投資56.18％的資金於3年期債券，43.82％的資金於1年期債券。若到期殖利率為10％，為了在2年後得到\$1,000,000的現金流量，現在的投資金額必須是$1,000,000/1.1^2$，即等於\$826,446。使用之前所算出的投資比例，我們可以算出投資於1年期債券的金額與3年期債券的金額分別為\$362,149（826,446 × 0.4382）與\$464,297（826,446 × 0.5618）。

若到期殖利率等於10％，1年期債券的價格與3年期債券的價格分別為\$972.73與\$950.25。根據此價格，1年期債券的購買張數與3年期債券的購買張數分別為372（362,149 ÷ 972.73）與489（464,297 ÷ 950.25）。**表11.1**說明達成中和的過程。

當殖利率上升時，由於在第二年末以折價賣出3年期債券，所以造成投資組合的損失；但同時由於將到期的1年期債券與3年期債券的第一年票面利息以較高的殖利率進行再投資，所以造成投資組合的利得。這兩種效果正好互相抵銷。同樣地，當殖利率下降時，由於在第二年末以溢價賣出3年期債券，所以造成投資組合的利得；但同時由於將到期的1年期債券與3年期債券的第一年票面利息以較低的殖利率進行再投資，所以造成投資組合的損失。這兩種效果也正好互相抵銷。經過中和的投資組合不受未來利率波動的影響。

表11.1

	第一年末的到期殖利率 y		
	9%	10%	11%
372張1年期債券在第二年末的價值			
將第一年末到期的債券與收益進行再投資於第二年末所產生的價值：			
$1,070 \times 372 \times (1+y)$	433,864	437,844	441,824
489張3年期債券在第二年末的價值			
第一年末收到票面利息再投資所產生的價值：			
$80 \times 489 \times (1+y)$	42,641	43,032	43,423
第二年末收到票面利息的價值：			
80×489	39,120	39,120	39,120
第二年末折價賣出債券產生的價值：			
$1,080 \times 489 \div (1+y)$	484,514	480,109	475,784
第二年末的投資組合總值	1,000,138	1,000,105	1,000,151

問題12　水平範圍分析為何？它如何幫助投資者？

　　由於債券買進時與賣出時的殖利率結構決定了債券的價格，債券的投資報酬率需視買進時與賣出時的殖利率結構而定。債券買進與賣出之間的一段時間稱為債券的**持有期間**。對一年的持有期間而言，債券的投資報酬率需視年初與年末的債券價格而定。因此必須分析期初殖利率結構可能的變動，以預估某一債券持有期間內的投資報酬率。此種分析的其中一種方法稱為**水平範圍分析**。

　　在分析時，我們選擇單一持有期間的債券，且考量期末（水平範圍）所有可能的殖利率結構。我們分析兩種債券可能的投資報酬率，一種是現在持有的債券，另一種是可能取代現有債券的新債券。在分析過程中，根

據殖利率的關鍵假設，我們要估計投資報酬率變動的敏感度。

在持有期間內，債券的投資報酬率會受到到期殖利率變動與持有時間長短的影響。假設某一票面利率4％的10年期債券面值為$100，當到期殖利率等於9％，此債券的價格應該為$67.48。在五年後，債券的到期期間已經縮短，若到期殖利率等於8％，該債券的價格應該增加到$83.78。該債券的價格由$67.48增加到$83.78，共增加$16.30。此債券價格的改變可以拆成兩部分解釋：到期期間縮短所造成的改變與到期殖利率變動所造成的改變。

假設在五年後的到期殖利率維持在9％，根據剩餘票面利息與面值的現值加總計算結果，該債券的價格應該為$80.55。也就是說，$13.07（$80.55－$67.48）的價格改變是因為到期期間縮短所造成的，這與之前所提到的價格改變$16.30不同。其餘的價格改變$3.23（$83.78－$80.55）是因為到期殖利率變動所造成的。因此，我們可以把價格的變動分成：因到期期間變動所造成的價格變動（稱為時間效應）與因到期殖利率變動所造成的價格變動（稱為殖利率變動效應）。我們可以寫出下列的等式：

$$價格的變動＝時間效應＋殖利率變動效應$$

直到現在我們的分析還未考量票面利息。假設在接下來的五年，我們每年收到$4的票面利息，且將這些票面利息以8.5％（8％與9％的平均值）的利率進行再投資，則五年後我們可以收到$23.70，其中的$20是票面利息，其餘的$3.70是票面利息的再投資利得。

一債券的整體報酬由四部分所構成：時間效應、殖利率變動效應、票面利息、票面利息的再投資利得。從上面討論的例子，我們可以得到下列算式：

$$\text{整體報酬} = \text{時間效應} + \text{殖利率變動效應} + \text{票面利息}$$
$$+ \text{票面利息的再投資利得}$$
$$= (80.55 - 67.48) + (83.78 - 80.55) + 20 + 3.70$$
$$= 13.07 + 3.23 + 20 + 3.70$$
$$= \$40.00$$

若將整體報酬轉換為報酬率,我們可以得到下列算式:

$$= \frac{13.07}{67.48} + \frac{3.23}{67.48} + \frac{20}{67.48} + \frac{3.70}{67.48}$$
$$= 0.1937 + 0.0479 + 0.2964 + 0.0548$$
$$= 0.5928$$

其中的殖利率變動效應是不確定的因素,我們必須作更進一步的分析。從到期殖利率由9%變為8%的例子,債券價格由$80.55變為$83.78。若水平範圍的預期殖利率為8%,經計算可得此債券的預期整體報酬率為59.28%。藉由使用不同的期末殖利率,我們可以計算不同的期末整體報酬率。

問題13 駕馭殖利率曲線為何?駕馭殖利率曲線的時機為何?

根據問題3,我們已知不同到期期間與到期殖利率的關係圖稱為殖利率曲線圖。殖利率曲線的形狀可以是向上傾斜的、平坦的、向下傾斜的,它的形狀需視資本市場對未來利率的期望而定。一般而言,殖利率曲線的形狀是向上傾斜的。較長到期期間債券的殖利率比起較短到期期間債券的殖利率還要高。

債券投資組合經理人可以使用一種稱為駕馭殖利率曲線的策略,從向

上傾斜的殖利率曲線中獲利。以流動性爲主要考量目標的經理人會投資短期固定收益證券。其中一種投資方法是買進這些證券並一直持有，直到這些證券到期，且將所有的收益重覆進行再投資；如果殖利率曲線的形狀是向上傾斜的，且經理人預期殖利率曲線的形狀會一直是向上傾斜的，則另外一種投資方法是駕馭殖利率曲線。

基於上述兩個條件，採用駕馭殖利率曲線策略的經理人會買進到期期間比其所需時間還長的證券，然後在證券到期之前賣出，以獲取一些資本利得。

下面的例子可以幫助我們理解這個觀念。基於流動性偏好的考量，假設投資人的投資標的爲91天期國庫券，若該面值$100的91天期國庫券價格爲$98.25，則投資報酬率爲7％〔（100－98.25）×（364÷91）〕。假設364天期國庫券價格爲$92，則投資報酬率爲8％〔（100－92）×（364÷364）〕，較91天期國庫券的投資報酬率還要高。

若投資人認爲未來3個月的殖利率曲線仍爲向上傾斜的形狀，則藉由駕馭殖利率曲線所獲取的利得比起買進與持有91天期國庫券所獲取的利得還要多。假設投資人買進91天期國庫券，則該投資人的年度投資報酬率爲：

$$\frac{100-98.25}{98.25} \times \frac{364}{91}$$

即等於7.12％。

換個方式，該投資人現在能以$92買進364天期國庫券，並在持有91天後賣出，且售價與到期期間爲273天的國庫券售價相等。假設到期期間爲273天的國庫券售價爲$94.15，則投資報酬率爲7.80％〔（100－94.15）×（364÷273）〕。

該投資人的預期投資報酬率爲：

$$\frac{94.15 - 92}{92} \times \frac{364}{91}$$

即等於9.35％。

　　駕馭殖利率曲線的預期投資報酬率顯然比較高，因為投資人預期能從殖利率下降的情況獲取利得。此殖利率的下降並非殖利率曲線的移動所造成，而是由於期初買進的364天期國庫券到期期間縮短所造成。當然我們現在所討論的是預期投資報酬率，而不是已實現的投資報酬率。已實現的投資報酬率需視賣出時點的殖利率而定。

　　我們不能斷言駕馭殖利率曲線的策略一定是有利可圖的。若殖利率曲線的形狀改變，投資人將承受損失。在這種狀況下，駕馭殖利率曲線的風險性比起買進並持有債券直到期末的風險性還要高。

數量基礎

問題14　貨幣的終值意義為何？

　　假設可以選擇現在收到$100或是在一年後收到$100，我們該挑選那一個？大部分的人都會選擇現在就收到$100，因為我們都認為現在收到的$100比起一年後所收到的$100還要有價值。我們來看這個觀念背後的數量基礎。

　　若現在我們有$P，我們有機會投資這筆錢以獲取利潤，而利潤的多寡需視投資機會而定。只要有獲取利潤的投資機會，我們寧可選擇現在就擁有$P，而不會選擇在一段時間之後才擁有$P。只有在一段時間之後能擁有大於$P的情況，我們才會考慮接受，而這預期的額外金額即稱為利息。

因此為了使投資人情願放棄現在的$P，必須在一段時間之後提供投資人大於$P的金額，而投資人所預期一段時間之後的額外金額取決於某些因素，包括投資機會的一般趨勢，這就是所謂的**預期投資報酬率**。

假設現在$100的預期投資報酬率為$r$，則一年後的預期報酬為$100r$。若現在我們投資$P，在一年後我們可以獲取Pr的利得。因此，現在的$P在一年後會成長為$P + Pr。我們可以說$P在一年後的終值為$P + Pr，即等於$P(1+r)$。終值的大小需視預期的投資報酬率而定，我們將此投資報酬率稱為**複利率**。

我們來看兩年後的情況。現在的$P在一年後成長為$P(1+r)$，而$P$(1+r)$在第二年還會產生一些利得，因此第二年末成長為$P(1+r)(1+r)$，也就是$P(1+r)^2$。將這個推論延伸，若投資報酬率等於r，$P在第$n$年末會成長為$P(1+r)^n$。

若r為我們在進行複利時的報酬率，則$(1+r)^n$稱為複利因子。我們將P乘以$(1+r)^n$就得到P的終值。在此我們假設可以對利息進行再投資以獲取利息，且利息累積的發生為每年一次，也就是每年複利一次。

$P在$n$年後的終值可以說是現在以$r$為投資報酬率投資$P所產生的累積利息加本金，也就等於$P(1+r)^n$。

我們可以得到一些有關終值的有趣結論。如同我們的觀察結果，終值是投資報酬率r與複利期數n的函數。終值與複利期數並非線性的關係。當複利期數增加時，終值以一加速的速率增加，此一加速速率的大小需視投資報酬率r而定。若r越大，加速的速率越大。

上述的結論可以從**圖14.1**觀察得知。

另一個有趣的結論與使終值加倍的複利期數有關。若現在投資$1，何時可以變為$2？這個問題的答案與r有關。我們可以針對不同的r做精確的計算求出使終值加倍的n，或是我們可以應用一種稱為「72規則」的簡單方法。這個規則認為：使終值加倍的複利期數約等於（72÷利率）。若利

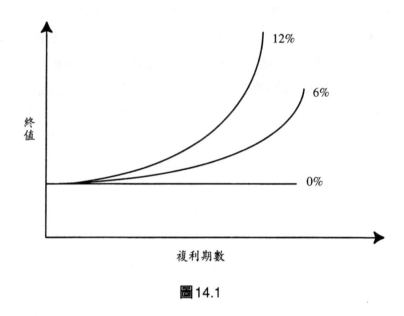

圖14.1

率爲12％，則使終值加倍的複利期數約等於（72÷12），即約爲6年。

另一種方法稱爲「69規則」。這個規則認爲：使終值加倍的複利期數約等於〔0.35＋（69÷利率）〕。若利率爲12％，應用此規則得到使終值加倍的複利期數等於6.1年。

問題15　名目利率與實質利率爲何？二者的關係爲何？

根據問題14，假設複利的發生爲每年一次，藉由複利概念的幫助我們已討論過終值的觀念。但複利的發生不見得是每年一次，可能是每半年、每季、每月一次。

若我們對$1,000進行爲期一年的投資，且投資報酬率爲10％，則一年後我們將收到$1,000（1＋0.1），也就是$1,100，而利息的部分爲$100。假設複利的發生不是每年一次，而是每半年一次，則我們每半年所收到利息的利率爲5％，即爲年利率10％的一半。針對$1,000的投資，我們在第一

個半年以5％的利率收到$50的利息，所以在第一個半年結束時，我們的帳上有$1,050的累積金額。$1,050在第二個半年的利率仍是5％，因此我們在第二個半年所收到的利息為$1,050×0.05，即等於$52.50。在第一年末所收到的本利和等於$1,102.50。

當我們已知年利率且複利計算的週期比一年短時，在計算時我們必須做一些調整。如果一年被等分為 n 期的複利期數（當複利為每半年一次時，n 等於2），則我們將年利率除以 n，以求得每一期的利率。我們將投資年數乘以每年的複利期數，以求得總複利期數。然後我們可以將調整過後的利率與總複利期數代入複利公式中。

考慮以下的例子。假設某一3年期的投資$10,000，每年的投資報酬率為12％，且每個月即複利一次，則第三年末所收到的金額是多少？若每年的投資報酬率為12％，則每月的投資報酬率為1％。一年的複利期數為12期，則3年的總複利期數為36期。因此第三年末所收到的金額為：

$$10,000\,(1+0.01)^{36}$$

即等於$14,308。

在理解較短複利週期的概念之後，我們可以來看實質利率與名目利率的差異。從上面的例子，我們得知在3年內$10,000獲取了$4,308的利息。若複利為每年一次，則利息為 $10,000\,(1+0.12)^3-10,000$，即等於$4,049。我們可以觀察到：較短複利週期所獲取的利息比起每年複利一次所獲取的利息還要多。

名目利率是應用在每年複利一次的利率。在上面的例子，名目利率為12％。使用12％的利率，我們收到的利息為$4,049；使用相同的利率但每月複利一次，我們收到的利息為$4,308。若每年複利一次，使我們收到利息金額$4,308的利率即為實質利率。

若 r 為年度投資報酬率且 m 為一年內的複利期數，則 r/m 為應用在複利週期的投資報酬率。$1 在一年後會成長為 $$(1+r/m)^m$，而實質利率 k 可以用下列公式表示：

$$k = (1+r/m)^m - 1$$

問題16　未來現金流量的現值如何計算？

根據問題14，我們已討論過終值的觀念。若 r 為預期的投資報酬率，則 $P 在 n 年後的終值為 $P(1+r)^n$，其中 $(1+r)^n$ 稱為複利因子。

若 $P(1+r)^n$ 為 $P 在 n 年後以 r 為投資報酬率的終值，則我們可以說 $P 是以 r 為投資報酬率在 n 年後收到 $P(1+r)^n$ 的現值。換個不同的說法，若 n 年後所收到的金額為 $A，且預期的投資報酬率為 r，則 $A 的現值為 $A/(1+r)^n$，而此投資報酬率 r 稱為折現率。

n 年後收到某一筆金額的現值可藉由折現因子乘以該筆金額求得其現值，而折現因子為 $1/(1+r)^n$。現值等於終值乘以折現因子；終值等於現值乘以複利因子。很明顯地，折現因子與複利因子的乘積必定等於1。

我們用下面的例子來看如何計算現值。假設我們在4年後收到 $1,000，若預期的投資報酬率為15％，則可藉由 $1,000乘以折現因子求得現值。折現因子等於 $1/(1+0.15)^4$，即為0.5718。因此 $1,000的現值為 $1,000×0.5718，即等於 $5,718。

若我們在未來的不同時點將收到一連串的現金流量，我們必須計算每一筆現金流量的現值，然後再將這些現值加總，以求得所有現金流量的現值。這通常是一項乏味的工作。（可參考第五章以瞭解如何運用 Excel 工作表軟體執行計算的功能）

問題17 年金與永續年金為何？其現值如何計算？

　　若我們有一連串的現金流量發生在未來不同的時點，我們必須計算每一筆現金流量的現值，然後再將這些現值加總，以求得所有現金流量的現值。一連串的現金流量可能有一些關於金額與發生週期的特性如下：

a. 每一筆現金流量的金額大小相同。

b. 相鄰兩現金流量之間的時間間隔相同。

　　爲了理解上述兩個特性，我們假設某一投資機會在未來5年每年產生$5,000的等值報酬。現在我們所收到每一筆現金流量的金額大小都相同，相鄰兩現金流量之間的時間間隔都是一年，這樣一連串的現金流量可稱爲**年金**。

　　讓我們再仔細的觀察這些現金流量。這些現金流量可以發生在每一期的期初，也可以發生在每一期的期末。但不論是在期初或期末，這一連串的現金流量都是年金。

　　首先，我們假設現金流量發生在每一年的年末。若我們在未來5年每年收到$5,000，則第一筆現金流量發生在第一年末。假設折現率爲12.5％，則此年金的現值爲：

$$\frac{5,000}{(1+0.125)^1} + \frac{5,000}{(1+0.125)^2} + \frac{5,000}{(1+0.125)^3} + \frac{5,000}{(1+0.125)^4} + \frac{5,000}{(1+0.125)^5}$$

即等於$17,802.84。

　　一般來說，我們會假設現金流量發生在每一期的期末，但有時現金流量會發生在每一期的期初。若現金流量發生在每一期的期初，則上面例子的現值爲：

$$\frac{5,000}{(1+0.125)^0} + \frac{5,000}{(1+0.125)^1} + \frac{5,000}{(1+0.125)^2} + \frac{5,000}{(1+0.125)^3} + \frac{5,000}{(1+0.125)^4}$$

即等於$20,028.20。

　　我們可以使用現值表、財務計算機、Excel工作表計算年金的現值。不論用那一種方法，我們必須記住現金流量確實的發生時點是在期初或期末。

　　永續年金是一種永不終止的年金，它是一連串定期發生且永不終止的等值現金流量。比方說一個每年支付$1,000直到永遠的承諾就是永續年金。針對永續年金，我們有一個非常簡單的現值計算公式。我們可以運用簡單的數學觀念導出此公式。

　　假設我們每年收到$A直到永遠，若折現率為$r$，則此一永續年金的現值為：

$$\frac{A}{(1+r)^1} + \frac{A}{(1+r)^2} + \frac{A}{(1+r)^3} + \frac{A}{(1+r)^4} + \cdots\cdots 直到永遠$$

若我們用d取代折現因子，則上列公式可改寫為：

$$Ad + Ad^2 + Ad^3 + Ad^4 + \ldots\ldots 直到永遠$$

　　即等於$Ad/(1-d)$。再將d以$1/(1+r)$取代，我們可以得到永續年金的現值為：

$$\frac{A\big/(1+r)}{1-1\big/(1+r)}=\frac{A\big/(1+r)}{(r+1-1)\big/(1+r)}=\frac{A}{r}$$

將永續年金的單筆現金流量除以折現率可以求得永續年金的現值。

問題18　內部報酬率（IRR）的意義為何？

若某人投資$10,000於某一計畫，且在一年後收到$10,000，則此人的投資並沒有賺取到任何報酬。但若此人在一年後收到$11,000，則此人的投資賺取到$1,000的報酬。假設I為投資報酬率，則我們可以藉由下列算式求解I：

$$11{,}000=10{,}000\,(1+I)$$

得到I等於10％。

假設此人在兩年後收到$11,000，我們可以藉由下列算式求解$I$：

$$11{,}000=10{,}000\,(1+I)^2$$

得到I等於4.9％。

假設某一筆$10,000的投資在第一年末與第二年末皆收到$5,500，則投資報酬率該為多少？

在回答這個問題時，我們試著理解內部報酬率的觀念。為了理解這個觀念，假設我們在某家銀行存了$10,000。銀行在第一年會支付一些利息，我們在第一年末所收到的本利和應該足以讓我們從此一帳戶提領$5,500，

且我們可以將帳戶餘額以相同的假設報酬率再存入銀行，並在第二年末提領另外的 $5,500。

若 I 為假設的報酬率，則 $10,000 的存款在第一年末會成長為 $10,000$(1+I)$。在提領 $5,500 後，帳戶餘額為 $$[10,000(1+I)-5,500]$。若此帳戶餘額以相同的假設報酬率 I 再存入銀行，則存戶在第二年末的本利和等於 $$[10,000(1+I)-5,500](1+I)$。由於此金額必須等於 $5,500，我們可以從下列的等式求解 I。

$$5,500 = [10,000(1+I)-5,500](1+I)$$

當等式除以 $(1+I)$ 變為：

$$\frac{5,500}{(1+I)} = 10,000(1+I)-5,500$$

此一等式再除以 $(1+I)$ 變為：

$$\frac{5,500}{(1+I)^2} = 10,000 - \frac{5,500}{(1+I)}$$

重新整理此一等式得到：

$$10,000 = \frac{5,500}{(1+I)} + \frac{5,500}{(1+I)^2}$$

我們觀察到等式的左半部是現在的現金流出，正好與今日的現值相

同。等式的右半部是未來兩年內所有現金流入的現值。內部報酬率*I*是使現金流入現值與現金流出現值相等的報酬率,所以內部報酬率是淨現值等於0的報酬率。淨現值(NPV)是現金流入現值與現金流出現值的差異值。

　　假設一組現金流量中,至少一筆為現金流出,藉由計算使淨現值等於0的報酬率,我們可以求得內部報酬率。在下面的例子,某計畫需要期初投資\$100,000,在計畫期間6年內每年可得到現金流入\$25,000。藉由計算使淨現值等於0的報酬率,我們可以求得此計畫的內部報酬率如下:

$$100,000 = \frac{25,000}{(1+I)} + \frac{25,000}{(1+I)^2} + \frac{25,000}{(1+I)^3} + \frac{25,000}{(1+I)^4} + \frac{25,000}{(1+I)^5} + \frac{25,000}{(1+I)^6}$$

　　從上列的等式求解*I*是非常困難的。一般採用的求解方法是試誤法。比方說我們先從一個假設的報酬率12%開始。若我們計算上面例子的現金流量現值,得到的現值為\$102,785,淨現值為＋\$2,785。因為淨現值不等於0,12%不是我們要找的內部報酬率。所以我們必須用一個不是12%的報酬率計算淨現值,然後再檢查採用此一報酬率所算出的淨現值是否等於0。由於報酬率12%時算出的淨現值為正值,我們必須找一個報酬率大於12%的內部報酬率;若是算出的淨現值為負值,我們必須找一個報酬率小於12%的內部報酬率。我們持續這樣的搜尋方式,直到找到一個使淨現值等於0的報酬率。這是一個非常無趣又乏味的方法。使用Excel工作表可以非常容易的完成這些計算過程(請參考第五章)。

問題19　在連續複利與折現的情況,現值與終值如何計算?

　　我們先來看連續複利的情況。我們已知複利可以不必以每年一次為基礎,複利的週期可以是較短的時間。若每半年複利一次,則一年內有2期的複利期數;同樣地,若每季複利一次,則一年內有4期的複利期數;若

每年複利 1 / m 次，則一年內有 m 期的複利期數。根據問題 15，若名目利率等於 r，且一年內的複利期數等於 m，則實質利率 k 可以用下列公式表示：

$$k = (1 + r / m)^m - 1$$

此一等式可以改寫為：

$$k = (1 + \frac{1}{(m/r)})^{(m/r)^r}$$

將 x = m / r 代入等式，則等式變為：

$$k = (1 + \frac{1}{x})^{xr} - 1$$

在連續複利的情況，我們假設複利是隨時在發生的，也就是說 1 / m 趨近於 0。這意味著 m 趨近於無窮大，即複利期數趨近於無窮大。若 m 趨近於無窮大，當 r 為某一有限的數值時，則 x（即等於 m / r）也趨近於無窮大。

由數學的觀念，我們知道若 x 趨近於無窮大，則（1 + 1 / x）^{x} 趨近於常數 e。e 為一無理數，無法以分數的形式表示，我們可以根據需求自行選擇小數點之後的位數。若取到小數點之後五位數，e 值等於 2.71828。

所以名目利率 k 等於 $e^r - 1$，也就是說 k + 1 等於 e^r。

當 k 為實質利率時，$P 在一年後會成長為 $P（1 + k）。因為（1 + k）

等於 e^r，$\$P$ 在一年後會成長爲 $\$P\,e^r$，在 n 年後會成長爲 $\$P\,e^{rn}$。

　　我們來看下面的例子。若 $\$100,000$ 以 10% 利率連續複利 4 年，則終值爲：

$$100,000 \times e^{0.1 \times 4} = 100,000 \times 1.49182$$
$$(2.71828^{0.4} = 1.49182)$$
$$= 149,182$$

　　同樣地，我們來看連續折現的情況。由於 $\$P$ 在 n 年後的終值等於 $P \times e^{rn}$，我們可以推論 n 年後收到 $\$A$ 的現值等於 $A\,e^{-rn}$。

　　若某人在 6 年後將收到 $\$100,000$，且折現率等於 14%，這筆金額在連續折現情況下的現值爲：

$$100,000 \times e^{-0.14 \times 6} = 100,000 \times 0.43171$$
$$(2.71828^{-0.84} = 0.43171)$$
$$= 43,171$$

第二章

股票

基本觀念

問題20　股票每股的價值如何決定？

　　股票評價的方法有許多種，最簡單的方法是每股的面值。但因為面值無法反應股票「真實」的價值，我們必須採用其它的方法來評價每股的價值。其中一種方法是從該公司資產負債表的股東權益值來評價每股的帳面價值。藉由計算該公司資產與負債的差額，可得該公司的淨值；然後將此淨值除以在公開市場上流通的股數，我們可以計算出每股的價值。雖然這個方法很簡單，根據此方法計算的每股價值仍需視會計標準、程序、慣例而定，因此仍舊無法真正反應每股的價值。

　　另一種決定每股「真實」價值的方法是使用股利折現模型評價股票。我們可以假設每股股票會永續且定期定額的配發股利，並藉由求得永續年金的現值以評價股票。我們也可以假設股利會以一固定的速率或不同的速率成長，並藉此求得每股的價值。

　　不論我們應用那一種股利模型求得每股的價值，我們都必須使用某一折現率求得一連串現金流量的現值。當然，問題是我們如何找到適當的折現率？以債券為例，當我們可以從現行的殖利率曲線找到一適當的到期殖利率時，我們使用到期殖利率做為折現率（問題3）。但對股票而言，我們沒有這樣的殖利率曲線。像資本資產評價模型（CAPM）這樣的模型就可以幫助我們找到一個適當的投資報酬率，並應用此投資報酬率折現未來的現金流量。

　　此一方法的困難是有關股利發放的假設。以債券為例，票面利率與面值都是定期定額的。但有關股利發放的假設可能無法一直適用。

　　評價股票一個很重要的考量是觀察股票的投資報酬。股票主要的投資

報酬可能不是股利。在兩個不同時間點的股價可能不同，即股票買進時的價格與賣出時的價格不同。假設P_t與P_{t-1}分別為時間點t與時間點$t-1$的每股價格，則時間點t的每股投資報酬率r_t為：

$$r_t = \frac{P_t - P_{t-1}}{P_{t-1}} \times 100\%$$

我們所考慮的時間點需視我們有興趣的投資時間範圍而定。我們可能以每天為基準觀察投資報酬率，也可能以每小時為基準觀察投資報酬率。根據我們有興趣的投資時間範圍，甚至以每週、每月、每年為基準的投資報酬率我們都有可能加以考慮。不論任何情況，投資報酬率的基準需視投資的時間範圍而定，根據這個投資時間範圍我們可以進行分析。投資時間範圍有一個時間起點與一個時間終點。根據這兩個時間點的股價，我們可以計算這一段投資時間範圍的投資報酬。

此種分析最主要的問題是如何求出未來的投資報酬？若我們知道時間起點與時間終點的股價，我們可以求出投資報酬，但我們如何在真正實現投資報酬之前就得知投資報酬率？在此我們必須依靠機率理論提供我們預期投資報酬的觀念。運用簡單的統計觀念，我們可以求出預期的每股投資報酬。對未來的投資報酬來說，這將是很好的一個估計值。但這只是一個估計值，並不一定是實際的投資報酬，因此還是有不確定性的因素，也就是說還有風險性。

藉由預期投資報酬的觀念，每股未來的投資報酬可以被估計出來。我們可以從股價預測值或過去的股價計算預期投資報酬，但不論用那一種方式，在實現預估的投資報酬時，不確定性的因素還是存在，這是一種無法避免的風險性。每股未來的投資報酬需視未來的股價而定，而未來的股價可能需視股票的投資報酬與風險而定。因此在股票評價時，風險—投資報

酬分析是很重要的觀點。

　　此種方法的問題是未來投資報酬的可預估性如何？有許多不同的模型可以用來預測明天的股價，但所有這些模型都需要充分完整且正確的資訊。「弱式效率市場假說」認為未來的股價與過去的股價無關。根據此假說，現在的股價完全反應過去所有的相關資訊，因此預測未來的股價與投資報酬是不可能的任務。也就是說，若市場是有效率的，我們根本不可能預測投資報酬。但「效率市場假說」終究只是一個假說，它仍必須經過市場實際資料驗證。

問題21　現值法與股票評價如何相關？

　　一連串未來現金流量以某一預期投資報酬率折現的現值可視為此一連串現金流量的價值或價格。以股票為例，股票持有者通常會收到一連串以股利型式發生的現金流量。若 D_1、D_2 ......為第一年末、第二年末......直到永遠所收到的股利，則其現值可由下列算式求出：

$$P_0 = \frac{D_1}{(1+r)^1} + \frac{D_2}{(1+r)^2} + \cdots\cdots + \frac{D_\infty}{(1+r)^\infty}$$

　　此時 r 為預期投資報酬率。因此股價可以視為一無窮股利流量的現值。

　　雖然此種評價方法我們考慮的基準是無窮的時間範圍，但此種方法也可以應用在有限的時間範圍。我們假設 D_1、D_2 ...... D_n 為第一年末、第二年末......直到第 n 年末所收到的股利。在第 n 年末時，若股票以某一價格 P_n 賣出，我們必須求出股票價格的現值。使用一般的折現方法，股票的價值為所有未來現金流量的現值。股利發放了 n 年，且在第 n 年末我們收到股票賣出的價格，因此股票價格的現值 P_0 可由下列算式求出：

$$P_0 = \frac{D_1}{(1+r)^1} + \frac{D_2}{(1+r)^2} + \cdots\cdots + \frac{D_n}{(1+r)^n} + \frac{P_n}{(1+r)^n}$$

從以上的算式，我們可以推論第 n 年末的股價等於第 n 年以後所有發放股利的現值總和，也就是下列的算式：

$$P_n = \frac{D_{n+1}}{(1+r)^1} + \frac{D_{n+2}}{(1+r)^2} + \cdots\cdots + \frac{D_\infty}{(1+r)^\infty}$$

將 P_n 以上列等式的右半部取代，我們得到 P_0 等式的最後一項為：

$$\frac{1}{(1+r)^n} \times \left(\frac{D_{n+1}}{(1+r)^1} + \frac{D_{n+2}}{(1+r)^2} + \cdots\cdots + \frac{D_\infty}{(1+r)^\infty} \right)$$

$$= \frac{D_{n+1}}{(1+r)^{n+1}} + \frac{D_{n+2}}{(1+r)^{n+2}} + \cdots\cdots + \frac{D_\infty}{(1+r)^\infty}$$

因此我們得到：

$$P_0 = \frac{D_1}{(1+r)^1} + \frac{D_2}{(1+r)^2} + \cdots\cdots + \frac{D_\infty}{(1+r)^\infty}$$

也就等於一無窮股利流量的現值。

因此，即使股票並不打算永久持有，股價等於一無窮股利流量現值的說法仍能得到驗證。使用現值法以評價股票的模型一般稱為**股利折現模型**（DDMs）。

問題 22 評價比率為何？

像損益表與資產負債表這樣的財務報表會針對公司某一特定日期的財務狀況加以說明。損益表對一段期間內發生的所有交易提供一個合併的概觀，比方說一整個年度的損益表；資產負債表則對一段期間內交易狀況在期末的結果提供一個概觀，比方說每年年度末的資產負債表。

財務報表幫助我們知道公司的財務狀況，但為了更深入瞭解公司的體質，我們必須使用財務比率。財務比率說明了財務報表中各項目之間的交互關係，其中一些例子包括流動比率與負債對權益比率。

財務比率可以根據使用目的分為幾類：變現力比率（如流動比率）、負債管理比率（如負債對權益比率）、資產管理比率（如存貨周轉率）、獲利力比率（如投資報酬率）。此外還有評價比率（也稱市場價值比率），其中最主要的指標包括收益率（也稱殖利率）、市價對帳面價值比率、本益比。

1.收益率

$$\frac{股利 + 股價的變動}{起始股價}$$

假設某公司股票的起始買進價格為每股 $50，若一年內發放的股利為 $5，且股價的變動為 $5，則收益率等於 10 / 50，也就是 20 ％。分子包含兩部分：股利變動與股價變動。股利 / 起始股價就等於股利收益率；股價變動 / 起始股價就等於資本利得收益率。

2. 市價對帳面價值比率

$$\frac{每股市價}{每股帳面價值}$$

假設某公司股票的每股市價與每股帳面價值分別為 $20 與 $15，則該

股票的市價對帳面價值比率為20／15＝1.33。

3. 本益比

$$\frac{每股市價}{每股盈餘}$$

市價為現行某一特定時間的價格，但一般來說我們以每週、每月、或每年的平均價格計算。每股盈餘當然等於稅後淨利除以公開市場上流通的股數。

若每股的市價為$20，且每股盈餘（EPS）為$4，則本益比（P／E比例或P／E乘數）為20／4＝5。

評　價

問題23　股利折現模型如何應用在股票評價？

根據問題21，我們已瞭解股利折現模型（DDMs）及其與股票評價的關係。要使用股利折現模型，我們必須知道折現因子與未來的現金流量。當我們在問題看到資本資產評價模型時，再來討論折現因子。假設我們已知相關的折現因子，讓我們來看未來的現金流量。對股票來說，股利可以視為未來的現金流量。

最基本的股利折現模型假設股利為零成長，股票所發放的股利永遠為一固定值，比方說 D。若折現因子等於 r，則此一永續年金的現值可由下列的算式求得：

$$\frac{D}{(1+r)} + \frac{D}{(1+r)^2} + \frac{D}{(1+r)^3} + \cdots\cdots$$

即等於 $D\,/\,r$。

　　假設某股票所發放的零成長股利為 \$2，預期投資報酬率為 10％，則該股票的評價為 2／0.1，即等於 \$20。

　　零成長股利模型的假設是非常不切乎實際的。對大部分的股票來說，因為公司盈餘的成長，股票的股利也會跟著成長。當大部分的公司在確認有成長的投資機會時，傾向在一段時間內增加每股股利。下一個模型為每股股利固定成長的模型。若今年的股利為 D，每年的股利成長率為 g，則皆下來每一年的股利分別為 $D(1+g)$、$D(1+g)^2$、$D(1+g)^3$……等。這些股利的現金流量現值可由下列的算式求得：

$$\frac{D}{(1+r)} + \frac{D(1+g)}{(1+r)^2} + \frac{D(1+g)^2}{(1+r)^3} + \cdots\cdots$$

即等於 $D\,/\,(r-g)$。

　　假設某股票現在的股利為 \$2，且股利成長率為 2％，若預期投資報酬率為 10％，則該股票的評價為 2／(0.1－0.02)，即等於 \$25。

　　在此我們假設 g 小於 r。

　　一般來說，公司在初期的股利成長率較高，在末期的股利成長率較低。若我們將較高的股利成長率與較低的股利成長率分別稱為超級股利成長率 g_s 與正常股利成長率 g_n，則公司在前 $n-1$ 個年度的股利成長率可能為 g_s，之後的年度股利成長率維持在 g_n。如果 D 為下一年度發放的股利，則前 n 個年度的股利分別為 D、$D(1+g_s)$、$D(1+g_s)^2$……$D(1+g_s)^{n-1}$。設股利 $D(1+g_s)^{n-1}$ 等於 D_n，則 n 年之後的年度股利分別為 $D_n(1+g_n)$、$D(1+g_n)^2$……等。

　　讓我們來看下一年度發放股利 \$2 的股票價值。假設前 4 年的股利成長率為 20％，再之後的年度股利成長率為 10％，且折現率為 14％。

前5年的股利分別為：

$$2 \cdot 2\,(1+0.2) \cdot 2\,(1+0.2)^2 \cdot 2\,(1+0.2)^3 \cdot 2\,(1+0.2)^4$$

即等於 $2、$2.4、$2.88、$3.45、$4.15。

這些股利的現金流量現值可由下列的算式求得：

$$\frac{2}{1.14} + \frac{2.4}{1.14^2} + \frac{2.88}{1.14^3} + \frac{3.45}{1.14^4} + \frac{4.15}{1.14^5}$$

即等於 $9.75。

　　第五年末的股利為 $4.15，之後的股利成長率永遠維持在 10％，我們可以對這一筆現金流量應用股利固定成長模型。股利固定成長的現金流量現值為 4.15 ／（0.14 － 0.1），即等於 $103.75。但這 $103.75 並非今天的現值，而是第五年末的現值。這 $103.75 在今天的現值等於 $53.88（＝ 103.75 ／ 1.14^5）。

　　因此，股價為 $9.75 與 $53.88 的加總，即等於 $63.63。

問題24　H-模型為何？

　　根據問題23，我們已知各種不同的股利折現模型，包括零成長股利、固定成長股利、不同成長率的股利。即使股利成長率有所不同，但公司的股利成長率終究會固定下來，也就是我們所稱的正常股利成長率。

　　有時候的公司股利成長率與正常股利成長率不同，但之後的公司股利成長率會回歸到正常股利成長率。假設公司的股利成長率大於正常股利成長率，且 g_n 為正常股利成長率，為 g_a 大於正常股利成長率的公司股利成長率。

在這種情況下，為了股票的評價，H-模型有下列的假設：

a. 若現在的股利成長率 g_a 大於正常股利成長率 g_n，則股利成長率將會下降。

b. 股利成長率將在 $2H$ 年後降為 g_n。

c. H 年後的股利成長率將等於 g_a 的一半。

上述情況如圖24.1所示。

根據這些假設，H-模型推論的股票價值可以由下列公式求得：

$$P = \frac{D\left[(1+g_n)+H(g_a-g_n)\right]}{r-g_n}$$

D 為現在的股利，且 r 為折現率。

我們可以將這個公式分解為兩部分：

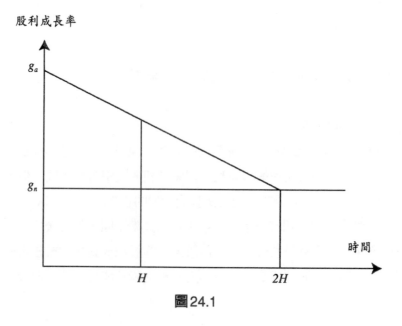

圖24.1

$$P = \frac{D(1+g_n)}{r-g_n} + \frac{DH(g_a-g_n)}{r-g_n}$$

公式的第一部份為根據正常股利成長率所計算的股票價值，第二部分為超出正常股利成長率所計算的股票價值。

考慮以下的例子。假設某公司現在的股利為 \$2，正常股利成長率為 5%，現在的股利成長率為 8%，且從現在異常的股利成長率降為正常股利成長率需時 8 年，則使用 H-模型計算出來的股票價值為：

$$P = \frac{2(1+0.05)}{0.12-0.05} + \frac{2 \times 4 \times (0.08-0.05)}{0.12-0.05}$$

$$= \frac{2.1}{0.07} + \frac{0.24}{0.07}$$

$$= 30 + 3.43$$

$$= \$33.43$$

問題25　本益比與股利折現模型如何相關？

根據問題 23，零成長股利模型的假設股利折現模型（DDM）計算出來的股價為：

$$P_0 = \frac{D_1}{r}$$

股利 D 為公司盈餘 E 的一部份，股利對盈餘的比例 D / E 稱為股利發放比例。我們用 p 表示股利發放比例，則股利 D 等於 pE。上列股價公式可

以改寫為：

$$P_0 = \frac{D_1}{r}$$

$$= \frac{D_0}{r} \quad (\text{對零成長股利模型而言，} D_1 \text{等於} D_0)$$

$$= \frac{pE_0}{r} \quad (\text{若} p \text{為股利發放比例，} D_0 \text{等於} pE_0)$$

從上面的結果我們可以得到：

$$\frac{P_0}{E_0} = \frac{p}{r}$$

上列公式的左半部即等於現在的本益比；公式的右半部中，r為預期的投資報酬率，p等於股利發放比例。

問題26　股利發放比例對每股定價的影響為何？

根據問題25，我們已知本益比與股利折現模型如何相關。對零成長股利模型而言，我們可以得到：

$$\frac{P_0}{E_0} = \frac{p}{r}$$

若股利發放比例p值很小，則保留比例（$1-p$）很大。也就是說，保留盈餘很多。保留盈餘越多，則下一年度的預期盈餘會更多，且下一年度的預期股利也會更多。若公司的內部報酬率等於i，則盈餘成長率為i（$1-p$），股利成長率為i（$1-p$）。因此，本益比P/E可以改寫為：

$$\frac{P_0}{E_0} = \frac{p}{r-i(1-p)}$$

從上列公式，我們可以計算股價等於：

$$P_0 = \frac{pE_0}{r-i(1-p)}$$

pE_0等於股利，且$i(1-p)$等於股利成長率，此一模型稱為$Gordon$模型。

假設某公司每股盈餘為\$4，預期投資報酬率r等於12％，且公司的內部報酬率i等於10％，讓我們來看三種不同情況的股利發放比例—25％、50％、75％—所算出的股價（**表26.1**）。

現在我們來看內部報酬率i等於12％所算出的股價（**表26.2**）。

我們再來看內部報酬率i等於14％所算出的股價（**表26.3**）。

觀察上面的結果，我們可以得到以下的結論。若r為預期投資報酬率，i為內部報酬率，則每股股價：

a. 當r大於i時，股價隨著股利發放比例增加而上漲。

b. 當r等於i時，股利發放比例的變動不會造成股價的變動。

表26.1

股利發放比例（p）	25%	50%	75%
股利（D）$=pE_0$	1	2	3
股利成長率（g）$=i(1-p)$	7.5%	5%	2.5%
股價（P）$=D/(r-g)$	22.22	28.57	31.58

表26.2

股利發放比例（p）	25%	50%	75%
股利（D）$=pE_0$	1	2	3
股利成長率（g）$=i(1-p)$	9%	6%	3%
股價（P）$=D/(r-g)$	33.33	33.33	33.33

表26.3

股利發放比例（p）	25%	50%	75%
股利（D）$=pE_0$	1	2	3
股利成長率（g）$=i(1-p)$	10.5%	7%	3.5%
股價（P）$=D/(r-g)$	66.67	40	35.29

c. 當r小於i時，股價隨著股利發放比例增加而下跌。

問題27　配股如何影響股票評價模型？

公司在獲取利潤之後，會以儲備的方式保留一部份的盈餘。若公司的獲利狀況持續下去，該公司的儲備會增加，且通常會變為股本的數倍。公司藉由配股的方式影響公司儲備移轉到股本的行動。對配股而言，公司部分儲備轉換為股本的行動會增加公司在公開市場流通的股數。

假設某公司在公開市場流通的股數為10,000,000，股票面值為$10，則該公司的股本為$100,000,000。若該公司決定將$50,000,000的公司儲備移轉到股本，公司的股本增加為$150,000,000，也就是該公司在公開市場流通的股數變為15,000,000。

假設該公司在公開市場流通的股數從10,000,000增加為15,000,000，公司必須以1：2的比例進行配股。也就是說，投資人每持有2股的配股數為1股。配股只與現行股票持有者有關。若某一股票持有者在配股之前擁

有100股，在配股之後將擁有150股。因為配股的行動，該股票持有者以後所收到的股利將是原先未配股前的1.5倍。

配股對公司整體盈餘沒有任何影響。若其它條件不變，在配股之後的公司整體盈餘與發放的股利均維持不變，因此每股股利將會降低，降低的比例等於配股的比例。假設某一投資人在配股之前持有100股，該投資人以每股$3的比例收到的股利為$300；在配股之後，該投資人持有的150股所收到的股利仍為$300，每股股利從$3降為$2。在配股前與配股後的每股股利並不相同。

要使配股前與配股後的每股股利相同，我們必須計算股利成長率g。只有在知道適當的股利成長率g之後，我們才能使用股利成長模型進行股票評價。根據問題23的股利成長模型，當D表示每股股利，r為預期的投資報酬率，g為股利成長率，則股價等於$D / (r - g)$。股利成長率的計算必須根據過去數年的每股股利資料。要使配股前與配股後的每股股利相同，我們必須將配股後的每股股利乘以配股比例。配股比例等於配股後在公開市場流通的股數除以配股前在公開市場流通的股數。若公司以1：3的比例進行配股，投資人每持有3股的配股數為1股，則配股比例等於4／3。

我們以下面的例子來解釋。假設某公司過去7年所發放的股利分別為$1.50、$1.60、$1.70、$1.85、$1.95、$1.90、$2.05，這些股利現金流量成長率的幾何平均數即等於股利成長率。經計算後得到的股利成長率為5.34％，D等於$2.05。若$r$為12％，則股價為2.05／（0.12 － 0.0534），即等於$30.78。

若在第二年末，公司以1：3的比例進行配股，我們必須對股利作適當的調整以求得適用的股利成長率。計算股利成長率所需的股利現金流量資料可以藉由配股後的每股股利乘以4／3求得。因此調整後的股利現金流量分別為$1.50、$1.60、$2.27、$2.47、$2.60、$2.53、$2.73，這些股利

現金流量成長率的幾何平均數等於10.51％。使用相同的D值與r值，我們可以計算得知股價爲2.05／（0.12－0.1051），即等於$137.58。

問題28 行使股權的權利如何影響股票評價模型？

與現行股票持有者有關的股票議題稱爲行使股權的權利。投資者可以選擇登記行使股權，或是將股權行使的權利賣出，或是放棄行使股權的權利。

行使股權權利的價格不能高於股票的市場價格。若是行使股權權利的價格高於股票的市場價格，所有的投資人都會放棄行使股權。行使股權權利的價格只有在低於股票的市場價格時才有價值。因爲行使股權權利的價格低於股票的市場價格，我們可以預期股票的市場價格在行使股權權利之後會微幅下跌。

行使股權權利的價格即等於包含股權行使權利的股價與不包含股權行使權利的股價差異。

若行使股權權利的價格等於股票的市場價格，則行使股權權利前後的股價與每股股利都不會變動，股票的市場價格與每股股利仍舊與原先相等。但是當行使股權權利的價格低於股票的市場價格時，情況會有一些改變。我們來看以下的情況。

若行使股權權利的價格低於股票的市場價格，行使股權權利之後的股價比起行使股權權利之前的股價還要低。因爲行使股權權利的價格低於股票的市場價格，以現行的股票市場價格而言，公司必須比以前發行更多的股票。如果其它條件維持不變，每股股利將微幅下降。因此，行使股權權利前後的每股股利並不相等。

根據問題23的股票評價模型$D／（r－g）$我們必須計算股利成長率，現在我們來看計算股利成長率時每股股利所需的調整。若某一投資人擁有行使股權的權利，該投資人可以選擇登記行使股權，或是將股權行使的

權利賣出，或是放棄股權行使的權利。該投資人的投資報酬率需視其選擇的方案而定。由於每一位投資人可能有不同的選擇，我們感興趣的股利成長率分析將會非常的困難。

為了克服這個難題，我們假設投資人既不會選擇行使股權的權利，也不會放棄行使股權的權利；我們假設投資人會將股權行使的權利賣出，並且將出售所得再投資於公司的股票。根據這個假設，投資人持有的股票數量將從原先的水準以包含股權行使權利股價與不包含股權行使權利股價的比例增加。

假設某公司在股權權利行使之前的股價為$30，此為包含股權行使權利的股價。如果股權行使權利的比例為1：3，投資人每持有3股的股權權利數為1股。若股權行使權利的價格為$6，投資人之前每持有3股，在股權權利行使之後的持股數為4股，且不包含股權行使權利的股價應等於$24〔（$30×3＋$6×1）／4〕。

股權行使權利的價格為$6，正好是包含股權行使權利的股價$30與不包含股權行使權利的股價$24之間的差異。我們假設投資人將其股權行使權利以$6賣出，並以所得的$6買進股價$24的不包含股權行使權利股票。該投資人可以買進1／4股，所以其股票持有數將為原來的5／4倍，而且該投資人所持有股票的總市場價值仍舊不變。每1股股價$30的包含股權行使權利股票現在變為1.25股股價$24的不包含股權行使權利股票。

5／4是股利評價時的股權行使權利調整因子。假設某公司過去7年所發放的股利分別為$1.50、$1.60、$1.70、$1.85、$1.95、$1.90、$2.05，這些股利現金流量成長率的幾何平均數即等於股利成長率。經計算後得到的股利成長率為5.34％，D等於$2.05。若r為12％，則股價為2.05／（0.12－0.0534），即等於$30.78。

若在第二年末，公司宣佈股權行使權利的比例為1：3，我們必須對股利作適當的調整以求得適用的股利成長率。計算股利成長率所需的股利

現金流量資料可以藉由股權權利行使後的每股股利乘以5／4求得。因此調整後的股利現金流量分別為$1.50、$1.60、$2.12、$2.31、$2.43、$2.37、$2.56，這些股利現金流量成長率的幾何平均數等於9.33％。使用相同的D值與r值，我們可以計算得知股價為2.05／（0.12－0.0933），即等於$76.78。

問題29 技術分析為何？技術分析與基本分析有何差異？

到目前為止我們的討論都屬於基本分析的範疇。基本分析的假設是股價會根據股票持有者預期未來將收到的股利價值而定。選擇一個適當的折現率以反應股票風險性，所計算出來的未來股利現值即稱為股票的基本價值。

藉由基本分析的幫助，我們可以得到股票的基本或真實價值。但是基本分析的相關因素有許多的不確定性。因此，短期內的股價有可能大幅偏離股票的基本價值。藉由所持有的股票，投資人可以實現預期的長期利益。但某些投資人偏好極短期的股票持有期間，這些投資人的投資決策是根據短期股價的變動而定，而不是根據基本分析而定。

技術分析是股價變動的分析。過去股價與市場指數的分析可以幫助瞭解投資人的心理層面，並藉此預測短期的市場情勢。技術分析所探討的問題與股價趨勢及股價趨勢反轉的時間點有關。技術分析所使用的方法大部分都是視覺的與統計的方法。

視覺的方法非常重視圖形的表示。有許多種圖形可以應用，像是直線圖或是條狀圖。統計的方法比較重視趨勢，而趨勢的概念包括移動平均等。因為我們評價的原則主要是針對長期的投資人，而不是短期的交易客，我們不討論技術分析所有的方法，只討論技術分析的理論背景。

技術分析的理論背景源自於Dow理論。Dow觀察的結果認為大部分股價會隨著市場整體價格的變動而呈正向變動。若市場的整體表現以某一指

數表示，當指數上漲時，股價也會跟著上漲；當指數下跌時，股價也會跟著下跌。因此，瞭解市場的整體表現是非常重要的。基本分析時我們所需的資訊包括：我們要研究的公司之預期投資報酬率、現在的股利、股利成長率；在技術分析時，我們需要研究市場的整體表現。

Dow 認為市場指數的主要上升趨勢分為三階段。第一階段的發生是由於有遠見、有知識的投資人的股票佈局累積作用；第二階段的發生是由於公司良好的盈餘報告初次發佈；第三階段的發生則是由於公司良好的財務狀況在市場上廣泛流傳。在最後一階段也同時可以見到市場上的許多投機行為。

在最後一階段的末期，有知識的投資人預見高投資報酬率將無法支撐下去，因此開始出脫手中持股，這也引發了第一波的下降趨勢；當高投資報酬率無法支撐的態勢越來越明顯，第二波的下降趨勢開始發生，犧牲血本的賣壓導致股價的下跌，這樣的趨勢會持續下去，直到趨勢反轉的訊息出現並被確認為止。

我們可以將某公司一段時間內的股價畫成一張圖並觀察圖形的趨勢。有時候股價的趨勢一直朝向某一固定方向，直到股價到某一程度之後，趨勢開始反轉。對技術分析專家來說，趨勢反轉的時間點是非常重要的。這些時間點顯示了股價的壓力點與支撐點。

為了說明起見，我們畫出 Reliance 公司在 2000 年 12 月的每日股價圖（圖 29.1）。我們可以看到有一個股價的上升趨勢直到 12 月 10 日，然後有一個反轉的趨勢出現。反轉的趨勢持續到 12 月 15 日，然後股價開始繼續上漲。

股價所觸及的高點稱為壓力點，低點稱為支撐點。投資人應該要能找出這些反轉點，並盡可能在支撐點附近買進股票，在壓力點附近賣出股票。當然，技術分析很重要的一個假設：過去股價的變動可以象徵未來股價的變動。我們將在問題 30 與問題 31 對這個假設在市場的有效與否有更進

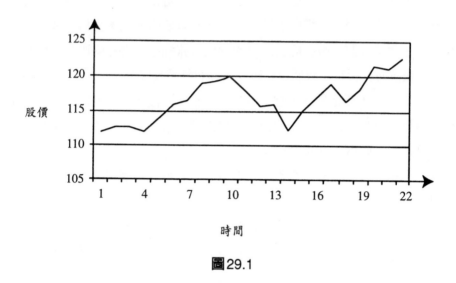

圖29.1

一步的瞭解。

問題30　市場效率性為何？

關於財務市場的效率性有許多不同的觀念，像是分配的效率性、運作的效率性、市場的效率性。當我們稱某個市場為分配有效率的市場時，這個市場的均衡價格必須使所有生產者與投資者的邊際投資報酬率相等。在一個分配有效率的市場，稀少的存款可以用最佳化的方法分配到具有生產力的投資上面以造福所有人。運作的效率性與交易成本有關。在一個運作有效率的市場，交易成本非常低。

效率性這個名詞通常用來指資本市場的效率性。在一個有效率的資本市場，價格完全且即時的反應了所有可取得的相關資訊。也就是說，當股票在交易時，股價是資本配置的精確信號。

市場的效率性可以區分為三種類型：弱式效率性、半強式效率性、強

式效率性。弱式市場效率性意味著股價沒有記憶性,也就是說昨日的股價與明日的股價無關。

半強式市場效率性只與已公開的市場資訊有關;而強式市場效率性與所有的市場資訊有關。

Fama[*]對資本市場的效率性有深入的研究。他定義了三種型式的效率,每一種都是根據不同的情境,假設投資者可取得相關資訊的程度不同,且價格完全且即時的反應了所有可取得的相關資訊。

a. 弱式效率性:沒有任何投資者可以藉由過去的股價與投資報酬率資訊發展出交易規則並獲取額外的報酬。換句話說,過去的股價與投資報酬率資訊對於獲取額外的報酬是無關且沒有幫助的。
b. 半強式效率性:沒有任何投資者可以藉由公開且可取得的資訊發展出交易規則並獲取額外的報酬。公開且可取得的資訊包括:公司的年度報告書、財務諮詢資料……等。
c. 強式效率性:沒有任何投資者可以藉由使用任何的資訊發展出交易規則並獲取額外的報酬,不論是已公開或未公開的資訊。

市場效率性並不是一個理論,而是一個假說。一個假說是我們針對一些現象的一種陳述,並測試該陳述是否為真。一個假說可能為真,也可能為假。效率市場假說曾在許多不同的市場測試過該假說在某一市場是否為真。有許多效率市場假說的測試在全世界的各個市場進行,但結果各異。

強式效率性市場的存在令人難以相信。我們不太能相信內線消息會即時的反應在股價上。即使是半強式效率市場的存在也是令人難以接受。弱式效率市場的存在似乎是比較合理的。我們將在問題31對弱式效率市場假

---

[*] E. Fama (1970), "Efficient Capital Markets: A Review of Theory and Empirical Work", *Journal of Finance*, vol. 25, pp.382-417.

說的有效性有更進一步的探討。

弱式效率市場假說的有效性顯示：未來的投資報酬率無法藉由過去的投資報酬率來預估。因為不可能預測未來的價格與投資報酬率，技術分析可能無法發揮作用。

問題31　一般的股票市場是否為隨機漫步？

隨機漫步通常被比喻為醉漢漫步。當醉漢離開酒吧時，腳步的移動方向是隨機的。若此醉漢繼續漫無目的的走動，最終還是會越走離酒吧越遠。因此，我們的問題是：股價的變動是否就像隨機漫步？要回答這個問題，讓我們先更清楚的定義隨機漫步。

假設 P_t 為時間點 t 的股價，P_{t-1} 為時間點 $t-1$ 的股價，我們可以定義投資報酬率 r_t 等於：

$$r_t = \frac{P_t - P_{t-1}}{P_{t-1}}$$

從上列算式，我們可以求得時間點 t 的股價為：

$$P_t = P_{t-1} + r_t P_{t-1}$$
$$= P_{t-1}(1 + r_t)$$

將上列等式兩邊取對數 log，我們可以得到下列等式：

$$\log P_t = \log P_{t-1} + \log(1 + r_t)$$

我們用 p_t 與 p_{t-1} 分別來代替 $\log P_t$ 與 $\log P_{t-1}$，且 $\log(1+r_t)$ 趨近於 r_t，因

此上列等式可以改寫為：

$$p_t = p_{t-1} + r_t$$

對所有的 t 值，若 r_t 使得 $E(r_t) = 0$ 與 $V(r_t) = \sigma^2$；且對所有 $t \neq s$ 的 t 值，若 r_t 與 r_s 的共變數等於 0，則 r_t 稱為**白色噪音程序**（*white noise process*）。若在上列等式中，r_t 為白色噪音程序，則 P_t 可稱為遵循**隨機漫步**。

若我們可以說股價的變動為隨機漫步，我們也可以說股票市場為弱式效率市場，因為隨機漫步是弱式市場效率的充分條件。測試某一時間序列是否為隨機漫步有許多的方法。藉由一些簡單的方法像是連檢定（run test），我們可以作相關對數分析（correlogram analysis）與光譜分析（spectral analysis）。我們也可以使用單根檢定（unit root test）與變異數比檢定（variance ratio test）。

研究人員使用個別的股票或指數（像 NASDAQ）去測試市場的效率性。從 1970 年代開始，有許多研究人員根據隨機漫步的模型，使用簡單的與複雜的方法去測試股票市場的效率性。在使用股價或股票指數的資料時，每日、每週、每月的時間序列資料可以依據時間序列的長短與所需觀測值的數量多寡而定。

軟硬體建設與資訊科技的應用帶來了許多好處。首先，自動化的流程能夠使監控與監管機制發揮作用，並對股票交易的效率與整合性有所貢獻。其次，股票的流通性可以大幅增加，且改善市場的效率。在這些外在環境的改變下，研究股票市場的效率性是必要的。

報酬與風險

問題32 股票預期投資報酬率為何？

基於未來股利現金流量方式的不同，我們已見過許多不同的股票評價模型。股利當然是股票報酬評估的方法之一，另一種股票報酬評估的方法則是計算投資者在賣出股票時間點的股票賣價與買進股票時間點的股票買價之差異。

假設某一投資者在時間點 $t-1$ 以 P_{t-1} 的價格買進股票，並在時間點 t（在 $t-1$ 之後）以 P_t 的價格賣出股票，則該投資者藉由這些買賣交易所得到的股票投資利得為 $P_t - P_{t-1}$。在此我們假定交易成本可以忽略，對一個運作有效率的市場而言，這個假定是合理的。若在投資者的股票持有期間內有股利的發放，則該投資者的投資利得將等於股票賣價與買價的差異加上所收到的股利。

時間點 $t-1$ 與時間點 t 的時間分割單位可以是分鐘、小時、天、週、月、年。時間分割單位的大小必須視投資者所考慮的投資時間範圍長短而定。對一個投機的交易客來說，投資的時間範圍非常短，可能只有幾小時或幾天；對一個法人的投資單位來說，投資的時間範圍比較長，可能有幾個月甚至幾年。不論是那一種投資時間範圍，投資股票的利得都可以藉由賣出與買近兩個時間點的股價來計算求得。正式地說，r_t 投資報酬率可以定義為：

$$r_t = \frac{P_t - P_{t-1}}{P_{t-1}} \times 100\%$$

我們來看下面的例子。假設某一股票連續兩天的股價分別為$160與$170，則每天投資報酬率的計算如下列算式：

$$\frac{(170-160)}{160} \times 100\% = 6.25\%$$

我們必須記住這個投資報酬率只是一天的投資報酬率！也就是說，年度的投資報酬率是令人難以置信的2281.25%（365×6.25%）!! 正是因為這種極高的報酬率使得股票市場變得相當吸引人。

假設股價在週一與週五分別為$160與$170，則一週的投資報酬率為6.25%，年度的投資報酬率等於325%（52×6.25%）。若股價在月初與月底分別為$160與$170，則一個月的投資報酬率為6.25%，年度的投資報酬率等於一個月的投資報酬率乘以12。

因此，股票在一段期間內的投資報酬率等於$(P_t - P_{t-1})/P_{t-1}$。若我們要以百分比的型式表示，則需將此數值乘以100。為了計算股票的投資報酬率，我們必須知道投資時間範圍之起始時間點與終止時間點的股價。為了選擇適當的投資標的，在投資時間範圍的起始時間點，我們對於股票的投資報酬率非常有興趣。但在投資時間範圍的起始時間點，我們只能知道當時的股價，而無法知道在投資時間範圍之終止時間點的股價會變得如何。由於無法知道在投資時間範圍之終止時間點的股價，想要事先計算投資報酬率是不可能的任務。我們只能試著估計投資報酬率。

要獲得未來投資報酬率的預估值，我們必須利用預期投資報酬率的觀念。預期投資報酬率的觀念是從機率理論所討論的數學期望值概念而來，我們將在問題38有更進一步的討論。數學的期望值只是一隨機變數的各種可能發生值與其發生機率的乘積加總。若以數學符號來表示，對任何一個隨機變數x而言，期望值$E(x)$等於：

$$\sum xp(x)$$

股票的投資報酬率可以視爲一隨機變數。若我們知道投資報酬率的各種可能發生值與其發生機率，則可以計算求得預期的投資報酬率。若某一股票今年的年度投資報酬率爲20％，我們如何知道明年投資報酬率的可能發生值？我們如何知道明年投資報酬率可能發生值的發生機率？假設我們已有相當的背景，並對市場有充分的理解；且假設我們的能力足以判斷許多不同的因素，像是公司過去的績效、公司眞正的優勢、同級公司與競爭對手的績效、經濟指標的一般趨勢、其它相關資訊。我們可能會認爲股票下一年度的投資報酬率是一些特定的可能發生數值，像是18％、20％、24％，且其發生機率分別爲0.2、0.5、0.3。一旦知道可能的發生機率，我們可以使用期望值的公式來計算預期的投資報酬率（表32.1）。

表32.1

投資報酬率	機率	投資報酬率×機率
18％	0.2	3.6
20％	0.5	10.0
24％	0.3	7.2
預期的投資報酬率		20.8

預期的投資報酬率等於20.8％。

我們也可以從過去投資報酬率的趨勢來推測預期的投資報酬率。假設某一股票過去5年的年度投資報酬率分別爲12％、13％、12％、14％、14％，則預期的投資報酬率爲這五個投資報酬率的平均值。平均值的計算是先將過去5年的投資報酬率加總，再除以5。因此，我們計算所得的投資

報酬率為：

$$\frac{12+13+12+14+14}{5} = 13（\%）$$

若使用這種方法，我們不需知道未來投資報酬率的各種可能發生值，也不需知道各種可能發生值的發生機率。我們使用過去幾年間的投資報酬率趨勢。一般來說，根據過去投資報酬率所計算出來的平均值對未來的投資報酬率是一個很不錯的估計值。

股票的預期投資報酬率越高，我們預期能從股票得到的可實現利得就越大。然而，這並不表示可實現利得就會等於預期的投資報酬。我們只能說：在大部分的情形，可實現利得會趨近於預期的投資報酬。

問題33　股票的風險性如何衡量？

讓我們對風險的觀念先有個理解。假設某兩種股票過去5年的投資報酬率如**表33.1**所示。

表33.1

股票X	股票Y
12％	25％
13％	8％
14％	7％
12％	5％
14％	20％

藉由求出平均值，我們可以推算預期的投資報酬率。此時我們發現這

兩種股票的預期投資報酬率都等於13％，但我們直覺地會認為股票X比起股票Y還要穩定。與股票Y的投資報酬率相比較，我們對股票X的投資報酬率會趨近於13％比較有信心。股票Y投資報酬率的波動範圍非常大，從5％到25％，股票的投資報酬率沒有令人可分辨的趨勢。若股票的投資報酬率有明顯的趨勢，我們可以很容易地發現未來的投資報酬率。股票投資報酬率的趨勢性一般會因為欠缺趨勢而更引人注意。

我們可以發現股票Y的投資報酬率比起股票X的投資報酬率還要離散。我們對股票Y預期投資報酬率的信心並無法像對股票X預期投資報酬率的信心那麼多。因此，我們會覺得投資股票Y的風險性較高，而且至少比投資股票X的風險性還高。

我們已使用「風險性」一詞，但卻還未對風險性進行量化。我們該如何量化風險性？一般我們使用標準差來代表風險性。標準差是變異數的平方根，通常以 σ（希臘字母，讀音為 sigma）表示。我們將在問題35對變異數與標準差的統計定義有更嚴謹的說明。

我們假設股票投資報酬率的變動方式為「常態」。若一變數為常態變數，即該變數遵循常態分配，則我們可以發現：67％的觀測值將位在平均值上下一個標準差的範圍內；95％的觀測值將位在平均值上下兩個標準差的範圍內；99％的觀測值將位在平均值上下三個標準差的範圍內。假設某一常態變數的平均值等於10，標準差等於5，則我們可以發現：67％的觀測值將位在5（＝10－1×5）與15（＝10＋1×5）的範圍內。同樣地，95％的觀測值將位在0（＝10－2×5）與20（＝10＋2×5）的範圍內；99％的觀測值將位在－5（＝10－3×5）與25（＝10＋3×5）的範圍內。此外，我們還可以發現：高於平均值之觀測值的分配狀態與低於平均值之觀測值的分配狀態是相等的。

當我們所考慮的變數遵循「常態」的變動方式時，我們可以使用標準差做為衡量風險性的基準。我們已假設股票投資報酬率的變動方式會遵循

常態分配，這一項假設在許多股票市場已通過實證測試且大致符合眞實情況。因此，標準差足以做爲衡量股價變動風險性的基準。

根據表33.1的資料，我們來看如何計算股票X與股票Y的標準差。股票X的平均值爲13，所以股票X的變異數可以從下列算式求得：

變異數（X）

$$= \frac{(12-13)^2 + (13-13)^2 + (14-13)^2 + (12-13)^2 + (14-13)^2}{5}$$

$$= \frac{1+0+1+1+1}{5}$$

$$= \frac{4}{5}$$

股票Y的平均值也是13，所以股票Y的變異數可以從下列算式求得：

變異數（Y）

$$= \frac{(25-13)^2 + (8-13)^2 + (7-13)^2 + (5-13)^2 + (20-13)^2}{5}$$

$$= \frac{144+25+36+64+49}{5}$$

$$= \frac{318}{5}$$

標準差（即變異數的平方根）提供我們衡量風險性的基準。股票X的風險性可以從4／5的平方根來衡量。同樣地，股票Y的風險性可以從318／5的平方根來衡量。現在我們不只知道股票Y是有風險的，而且還知道股

票Y確切的風險性有多高。

我們可以根據過去的投資報酬率來計算標準差。當我們可以預測未來的投資報酬率及其相對應的發生機率時，我們也可以計算出標準差。根據問題32的**表32.1**，我們求出的平均值等於20.8。變異數的計算過程如**表33.2**所示。

表33.2

投資報酬率	機率	(投資報酬率－平均值)^2×機率
18%	0.2	1.568
20%	0.5	0.320
24%	0.3	3.072
		4.960

標準差（即變異數的平方根）約等於2.2，這是衡量該股票風險性的結果。

數量基礎

問題34　集中趨勢的衡量基準為何？

我們來考慮以下的情形：假設我們已掌握某一群體所有成員某一特性的相關資料。更明確一點說，假設我們已知某一班級所有學生參加某次考試的成績資料，該班級總共有50名學生，而我們想要評估該班級所有學生的整體表現。我們很難從50名學生中任何一位的成績來論斷該班級所有學生的整體表現。如果我們需要評估上千名學生的整體表現，情況會變得更糟糕。在這種情況下，我們需要一些衡量基準幫助我們評估整個群體的表

現。

　　統計理論針對上述的情形提供了三種衡量基準：平均數、眾數、中位數。這些衡量基準一般稱為**集中趨勢的衡量基準**。基於某一群體中各個成員的觀測值，這些衡量基準反應所有觀測值的集中位置。要瞭解這些衡量基準的意義，我們必須做更進一步的觀察。

　　平均數的定義主要有三種不同方式：算術平均數、幾何平均數、調和平均數。假設我們定義某一組觀測值x_1、x_2、x_3......x_{n-1}、x_n的平均數為算術平均數（AM），則此一平均數等於所有觀測值的加總除以觀測值的總數，如下列公式所示：

$$AM = \frac{x_1 + x_2 + x_3 ...... x_{n-1} + x_n}{n}$$

　　算術平均數的值可能與任何一個觀測值都不相等。有些觀測值會大於算術平均數，而另外一些觀測值則小於算術平均數。所以在這兩類觀測值交互作用下，平均起來正好就等於算術平均數。算術平均數是最常使用的集中趨勢衡量基準，通常以μ（希臘字母，讀音為mu）表示。

　　若某一學生五個科目的成績分別為100、98、95、92、90，則該名學生的平均成績為（100＋98＋95＋92＋90）÷5，即等於95。

　　在某一些特定情況下，算術平均數無法做為集中趨勢的衡量基準。比方說成長率。假設過去五年某一經濟指標（像是國內生產毛額）的成長率分別為5％、6％、7％、6％、4％，若在這五年的期初之國內生產毛額等於N_1，則在這五年的期末之國內生產毛額N_2，可以用N_1（1＋0.05）（1＋0.06）（1＋0.07）（1＋0.06）（1＋0.04）這個算式表示。我們必須求出一個平均成長率r使得$N_2 = N_1$（1+r）^{5}。在這種情況下，我們使用幾何平均數做為過去五年的平均成長率。幾何平均數（GM）的定義是n個觀測值乘積

的 n 次方根，如下列公式所示：

$$GM = (x_1 \, x_2 \, x_3 \ldots\ldots x_{n-1} \, x_n)^{1/n}$$

第三種平均數稱爲調和平均數。調和平均數使用在某些特殊的情況。假設某輛車在第一個鐘頭以時速80公里行駛，第二個鐘頭以時速120公里行駛，則該車的平均時速是多少公里？此時，我們不能使用80與120的算術平均數。我們必須求解的是調和平均數。調和平均數（HM）的倒數是所有觀測值倒數的算術平均數，如下列公式所示：

$$HM = \frac{1}{\left(\dfrac{1}{x_1} + \dfrac{1}{x_2} + \dfrac{1}{x_3} + \ldots\ldots + \dfrac{1}{x_{n-1}} + \dfrac{1}{x_n} \right) \Big/ n}$$

上述例子中，該車的平均時速爲：

$$HM = \frac{1}{\left(\dfrac{1}{80} + \dfrac{1}{120} \right) \Big/ 2}$$

$$= \frac{1}{5/480}$$

$$= 96 \,（公里）$$

現在我們來看眾數。眾數的定義非常簡單，它是最平常的觀測值。如果我們觀測某個班級的考試成績，發現大部分的學生都得到某一個特定的分數，則此一特定分數即爲眾數。**眾數**是指某一組**觀測值**中出現次數最多

的觀測值。假設NBA洛杉磯湖人隊的Kobe Bryant最近10場比賽的得分記錄分別是35、28、43、25、32、17、28、23、11、31，則28就是他這10場比賽得分記錄的眾數。當我們需要知道最常發生的觀測值時，我們使用眾數表示。眾數可以用來決定鞋子的平均號數大小或是成衣的平均尺碼。

第三種集中趨勢的衡量基準是中位數。**中位數**是指一觀測值順序數列中心項的觀測值，它將所有的觀測值區分為兩等分，即比中位數值大的觀測值數目等於比中位數小的觀測值數目。要求出中位數，首先我們必須以遞增或遞減的方式將所有的觀測值排列成一觀測值順序數列。若觀測值的總數n為奇數，則觀測值順序數列之中的第〔$(n+1)/2$〕個觀測值為中位數；若觀測值的總數n為偶數，則觀測值順序數列之中的第$(n/2)$個觀測值與第〔$(n/2)+1$〕個觀測值之平均值為中位數。

假設某一班級9名學生的成績分別為77、56、45、88、92、54、100、30、60，我們必須先將這些成績排序，比方說以遞增的方式排序，如30、45、54、56、60、77、88、92、100，則中間的觀測值60就是中位數。

根據以上的內容，我們已知道集中趨勢衡量基準的算術平均數、幾何平均數、調和平均數、眾數、中位數。在這些衡量基準中，算術平均數是使用最頻率最高的集中趨勢衡量基準，所以一般也簡稱為**平均數**。

問題35　離散趨勢的衡量基準為何？

根據問題34，我們使用集中趨勢的衡量基準來評估觀測值的位置。算術平均數（所有觀測值的簡單平均）是最簡單也最常用的集中趨勢衡量基準。算術平均數反應了所有觀測值集中的位置，但是我們還是完全不知道所有觀測值到底距離這個平均數有多遙遠？1、50、99等三個數字的平均值是50；49、50、51等三個數字的平均值也是50。對於49、50、51等

三個數字來說，所有三個觀測值都很接近平均值50；但是對於1、50、99等三個數字來說，1與99這兩個觀測值就距離平均值50相當遠。我們可以直覺地感覺到：第一組觀測值1、50、99比起第二組觀測值49、50、51更爲離散。但是我們該如何計算一組觀測值的離散程度？

離散趨勢的衡量基準幫助我們瞭解觀測值的差異程度。一般常使用的離散趨勢衡量基準包括：全距、平均差、標準差。我們來看這些衡量基準。

全距是一組觀測值裏面，最大觀測值與最小觀測值之間的差異。在上述例子，第一組觀測值的全距等於98（1與99之間的差異）；第二組觀測值的全距等於2（49與51之間的差異）。全距是最簡單的離散趨勢衡量基準，但是全距並沒有考量到所有的觀測值。即使大部分的觀測值都很接近平均數，但若某一觀測值特別大或特別小，則全距就會變得很大。若是一個離散趨勢的衡量基準必須反應觀測值眞實的離散程度，此一離散趨勢的衡量基準就必須考量所有的觀測值。雖然全距的使用很簡單，但因爲全距沒有考量到所有的觀測值，所以在很多情況下，全距無法發揮作用。

在理想情況下，一個離散趨勢的衡量基準必須考量所有觀測值距離集中趨勢衡量基準（比方說平均數）的差異程度。假設某一組觀測值x_1、x_2、x_3 ...... x_{n-1}、x_n的平均數等於μ，則理想的離散趨勢衡量基準必須考量以下所有差異值：$x_1 - \mu$、$x_2 - \mu$、$x_3 - \mu$ ...... $x_{n-1} - \mu$、$x_n - \mu$。在這些差異值之中，某些是正值，其它則是負值，在正負相抵的交互作用下，差異值的加總等於0。因此，我們不能使用差異值的算術平均數做爲離散趨勢的衡量基準。

我們必須去除差異值前面的正負號，將所有差異值都變爲正值。方法之一就是使用絕對值的觀念。不論原始數值是正值或負值，任何原始數值的絕對值都是正值。利用絕對值的觀念，一種稱爲平均差（MD）的離散趨勢衡量基準之定義如下列公式所示：

$$MD = \frac{\sum |x_i - \mu|}{n}$$

另一種消除差異值前面正負號的方法是將差異值取平方。將各個觀測值與所有觀測值的平均數之差異值取平方的離散趨勢衡量基準稱爲變異數。變異數的定義是各個觀測值與所有觀測值的平均數之差異值取平方的平均值，如下列公式所示：

$$變異數 = \frac{\sum (x_i - \mu)^2}{n}$$

變異數的量測單位是原始觀測值量測單位的平方。如果高度的量測單位是英吋，則變異數所提供之離散趨勢衡量基準的量測單位是平方英吋。爲了使離散趨勢衡量基準的量測單位與原始觀測值的量測單位相同，我們就利用變異數的正平方根（也稱爲**標準差**）來做爲離散趨勢的衡量基準之一。標準差是變異數的正平方根，通常以 σ（希臘字母，讀音爲 sigma）表示。標準差是一個使用廣泛的離散趨勢衡量基準。

標準差的量測單位就等於觀測值的量測單位。如果我們在比較兩串數列的離散趨勢時，所使用的量測單位不同，則標準差將無法發揮作用。在本書中，我們還要討論一個稱爲離散係數的衡量基準。**離散係數**的定義是 σ / μ，所以它沒有可供量測的單位。以百分比型式表示的離散係數稱爲**變異係數**。變異係數可以用來判斷各個觀測值之間的一致性。我們引用一個簡單的例子來理解變異係數的概念。假設我們已知NBA洛杉磯湖人隊 Kobe Bryant 與多倫多暴龍隊 Vince Carter 最近10場比賽分別的得分記錄，我們該如何判斷誰的得分表現比較具有一致性？

我們可以分別計算兩人得分記錄的變異係數。變異係數越小，球員的得分表現越具有一致性。

問題36　機率的概念為何？

機率是事件可能發生機會的衡量基準。我們可以藉由以下的例子來瞭解機率的概念。機率理論大部分的例子都環繞著賭博這個主題。

假設某個六面的骰子每一面的點數分別是從一到六。當骰子投擲以後，骰子的其中一面會朝上。在骰子投擲之前，我們無法預知骰子的那一面會朝上；只有在骰子投擲以後，我們才會知道骰子朝上的是那一面。但是在骰子投擲之前，我們可以事先知道骰子朝上的可能是那些面。一定是點數一到六的其中一面！

在機率理論中，這些嘗試稱為隨機實驗。在隨機實驗的情況下，我們無法確切知道在實驗之後的結果會是如何，但是我們可以事先知道所有可能的結果。只有在實驗結束之後，我們才會知道實驗的結果。我們將實驗結束之後的結果稱為實驗的出象（outcome）。

投擲骰子是一種隨機實驗，所有可能的出象為1、2、3、4、5、6。我們不知道那一個數字會朝上，但是我們知道其中的一個數字會朝上，所以投擲骰子實驗的出象是六個數字的其中之一。

我們下一個關注的焦點是去找出每一個出象發生的機會。以投擲骰子為例，我們沒有理由相信骰子任何一面的發生機會一定高於其它各面的發生機會。若此一骰子是公平的，則每個數字的出現機會應該是相等的。因此，任何一個出象的發生機會等於1／6，因為總共有六個可能的出象。我們將出象發生機會的直覺想法稱為出象的機率。

在投擲骰子的例子中，任何一個數字朝上的機率都等於1／6。如果我們進行一個不同的實驗，比方說投擲硬幣，則所有可能的出象是正面與反面。同樣地，我們可以假設投擲硬幣之後正面與反面的發生機會均等，

因此我們將機率對半平分給每一個出象。

在實驗進行之前，預先分配給每一個出象的機率稱爲**先驗的機率**（priori probabilities）。此時，我們假設硬幣與骰子都是公平的，但是我們如何確認這些硬幣與骰子都是公平的？只有在重複進行許多次試驗之後，我們才會知道確切的發生機率。如果投擲一個我們事先不知道是否公平的硬幣許多次，則我們可以觀察硬幣落下後出現正面的次數。假設硬幣在經過一千次投擲之後，硬幣出現正面的次數是七百次，則我們可以根據實驗的證據推論：硬幣出現正面的次數比起硬幣出現反面的次數還要多。如果我們覺得這一千次硬幣的投擲無法反應投擲硬幣的眞實情況，則我們可以重複進行這項實驗一萬次。但是很可能出現正面的次數會有七千次（或是其它接近七千的數字）之多，所以我們可以分配0.7（7000／10000）的機率給出現正面的機會。由於出現正面與出現反面的機率加總等於1，所以我們可以分配0.3（＝1－0.7）的機率給出現反面的機會。如果硬幣在經過一萬次投擲之後，硬幣出現正面的次數是五千次，則我們可以分配給出現正面的機會與出現反面的機會相同的機率0.5，這兩個機率的加總還是等於1。在實驗進行之後，分配給每一個出象的機率稱爲**後設的機率**（posteriori probabilities）。

問題37　隨機變數為何？隨機變數的分配函數為何？

我們來看某次賭博的例子，賭博的規則如下：

a. 玩家P一開始持有$100。

b. 硬幣投擲三次。

c. 硬幣投擲後若顯示

- 正面：P賺到其持有金額的5％
- 反面：P賠出其持有金額的10％

在經過三次投擲之後，玩家P所持有的金額W該等於多少？W值的多寡必須視三次投擲的結果而定。我們不可能精確地預測W值，但是我們可以列出所有可能的W值，也可以找出所有可能W值的發生機率。W值是一個變數，我們無法事先就精確地預測出W值，但是我們可以知道所有可能W值的發生機率。具有這些性質的變數稱為**隨機變數**。

根據問題36，我們可以從機率理論知道：一個實驗會產生一個出象。在投擲硬幣的例子，出象若不是正面，就是反面。在投擲硬幣之前，我們無法知道實驗的的出象。雖然我們不能預測出象，但是在實驗進行之前，我們可以列出實驗所有可能的出象。

隨機變數的值需視隨機實驗的出象而定。根據上述的例子，在硬幣投擲三次之後，玩家P所持有的金額可以視為一個隨機變數。玩家P所持有的金額需視投擲硬幣三次的實驗出象而定。

隨機變數可分為不連續隨機變數與連續隨機變數。上述例子的隨機變數值是四個可能值的其中之一，這種型態的隨機變數稱為**不連續隨機變數**。如果我們在評量某一個班級學生的身高，這個身高值可能是最高的學生與最矮的學生之間的任何身高值。若隨機變數值可以是某一範圍內的任何可能值，則此一隨機變數稱為**連續隨機變數**。

根據問題36已討論過的機率論直覺想法，我們可以開始分配相對應的機率給各個不同的隨機變數值。根據上述的例子，在每一次硬幣投擲之後，隨機變數W（玩家P所持有的金額）的值有1／2的機率會增加5％，也有1／2的機率會減少10％。若p為投擲硬幣後出現正面的機率，q為投擲硬幣後出現反面的機率，則我們可以得到p＝q＝1／2的等式。圖37.1描述了硬幣投擲之前、硬幣投擲一次之後、硬幣投擲二次之後、硬幣投擲三次之後的隨機變數值。

起始隨機變數值100在經過三次硬幣投擲之後，隨機變數值變為下列四個可能值的其中之一：100×1.05^3、$100 \times 1.05^2 \times 0.90$、$100 \times 1.05 \times$

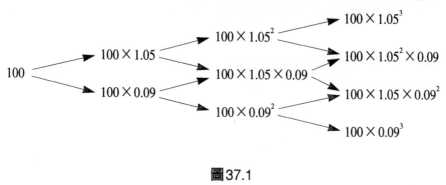

硬幣投擲之前　　硬幣投擲一次之後　　硬幣投擲二次之後　　硬幣投擲三次之後

100×1.05^3

100×1.05^2

$100 \times 1.05^2 \times 0.09$

100×1.05

$100 \times 1.05 \times 0.09$

100

$100 \times 1.05 \times 0.09^2$

100×0.09

100×0.09^2

100×0.09^3

圖37.1

0.90^2、100×0.90^3。這四個可能隨機變數值 W 的機率各是多少？

　　可能隨機變數值 W 的機率需視硬幣投擲後出現正面（或反面）的次數而定。若投擲硬幣 N 次之後，出現正面的次數等於 n，則起始隨機變數值會增加5％共 n 次，且減少10％共（$N-n$）次。所以我們的重點是求出硬幣投擲 N 次之後，出現 n 次正面的機率。硬幣出現正面的次數 n 可以是從0到 N 之間的任何一個整數。如果我們知道 n 等於從0到 N 之間任何一個整數時的個別機率，我們就可以求出在投擲硬幣 N 次之後，所有可能隨機變數值 W 的個別機率。

　　我們可以推導出某一隨機變數的所有可能值之個別機率。某一隨機變數的所有可能值之個別機率代表此一隨機變數的機率密度函數。如果我們知道某一隨機變數的機率密度函數，我們就可以推導出該隨機變數的一些統計值，像是平均數、標準差……等等。

　　機率密度函數可以幫助我們算出隨機變數的所有可能值之個別機率，我們也可以藉由機率密度函數推導出隨機變數小於或等於某一特定值時的機率與機率函數。此種機率稱為**累積機率**；幫助我們算出累積機率的函數稱為**分配函數**。

　　某些特定隨機變數的機率密度函數與分配函數可以藉由簡潔的數學算

式推導出來。其中一些應用廣泛的隨機變數與分配擁有各自的名稱。我們將在問題79與問題81進一步討論兩個重要的分配：二項分配與常態分配。

問題38　一隨機變數的數學期望值為何？

我們再一次以賭博為例子。畢竟幫助機率理論開始發展的原因正是賭博！

假設每一局賭博的代價是$10，賭局的進行方式是投擲兩顆骰子（每顆骰子有六面，每一面的點數分別是一到六）。如果兩顆骰子顯示的點數加總小於4，則我們除了可以拿回$10，還可以拿到$100的獎金；如果兩顆骰子顯示的點數加總大於或等於4，可是小於9，則我們可以拿回$10，但是沒有任何獎金；如果兩顆骰子顯示的點數加總大於或等於9，則我們沒有任何獎金，也無法拿回$10。

在每一局賭博結束後，我們的報酬 G 等於下列任何一個數值：＋100、0、－10。G值的大小需視骰子投擲之後的出象而定。G是一個典型的隨機變數，我們可以求出所有可能G值的個別機率。如果骰子投擲之後所顯示的點數組合是（1,1）、（1,2）、（2,1）其中之一，則我們的報酬G等於＋100；如果所顯示的點數組合是（6,6）、（6,5）、（6,4）、（6,3）、（5,6）、（5,5）、（5,4）、（4,6）、（4,5）、（3,6）其中之一，則我們的報酬G等於－10；如果是其它的點數組合，則我們的報酬G等於0。

如果我們投擲兩顆骰子，骰子所顯示的點數組合將是從（1,1）到（6,6）等36組點數組合的其中之一。在這36組點數組合之中，只有其中的3組點數組合可以使我們得到$100的獎金，而其中的10組點數組合會使我們損失已支付的$10賭局代價，至於其它的23組點數組合不會使我們有任何的損失。

我們得到$100獎金的機率等於兩顆骰子顯示之點數加總小於4的機率，就等於下列算式：

$$\frac{3 \text{（點數加總小於4的點數組合數目）}}{\text{（36所有點數組合數目）}}$$

$$= \frac{3}{36}$$

同樣地，我們可以計算出 G 值為 0 的機率等於 23／36；G 值為 − 10 的機率等於 10／36。

表 38.1 顯示所有可能的 G 值以及與 G 值相對應的機率。

表 38.1

G 值	$P（G = g）$
＋ 100	3／36
0	23／36
− 10	10／36
	1

我們從每一次賭局中可以預期獲得多少報酬？如果我們只參與賭局一次，可能的報酬是＋ 100、0、− 10 其中之一。但假設我們擁有數不盡的財富，可以持續不斷的參與賭局（可能是數百次，甚至是數千次），則我們從賭局中預期最後可以獲得多少報酬？

我們一般以 E（X）表示隨機變數 X 的期望值。如果 X 是不連續隨機變數，則期望值 E（X）的定義為 $\Sigma\, xp(x)$；如果 X 是連續隨機變數，則期望值 E（X）的定義為 $\int xp(x)$。

根據我們所參與的賭局，隨機變數 G 的期望值可以用下列算式表示：

$$100 \times \frac{3}{36} + 0 \times \frac{23}{36} + (-10) \times \frac{10}{36} = \frac{300 - 100}{36} = {200}/{36} \quad (約等於\$6)$$

這並不表示我們每一次賭局都可以賺取$6。但是如果我們參與一百次賭局，則我們可以期望賺取$600，也就等於我們所參與的賭局數目乘以每一次賭局的期望值（＝100×6）。如果我們參與兩百次賭局，則我們可以期望賺取$1,200。然而，期望值並不一定是隨機變數的可能值之一。

隨機變數值是某些特定的可能值。隨機變數所有可能值的平均數等於多少？答案就是數學上的期望值。以直覺來說，期望值只是隨機變數所有可能值的加權平均數，而加權平均的權值等於各個隨機變數可能值所對應的機率。期望值也可以稱為分配的平均數，一般以 μ 來表示。

問題39 一分配的動差為何？

根據問題38，我們已經討論過期望值的觀念。期望值是分配的平均數。藉由計算隨機變數所有可能值的加權平均數，我們可以推導出期望值，而加權平均的權值等於各個隨機變數可能值所對應的機率。期望值提供了隨機變數集中趨勢的概觀。

可是我們仍然對於隨機變數其它特性的探討有興趣，其中一種特性是離散趨勢的衡量基準。根據問題35，我們已知：對於一組觀測值來說，標準差是一項很好的離散趨勢衡量基準。標準差等於變異數的平方根。變異數的定義是各個觀測值與所有觀測值的平均數之差異值取平方的平均值。

假設 X 為一隨機變數，如果 X 是不連續隨機變數，則該隨機變數的平均數 $E(X)$ 等於 $\sum xp(x)$；如果 X 是連續隨機變數，則該隨機變數的平均數 $E(X)$ 等於 $\int xp(x)$。

因為變異數等於各個觀測值與所有觀測值的平均數之差異值取平方的

平均值，我們對於隨機變數的變異數也可以有相似的定義。當 μ 等於隨機變數 X 的平均數時，隨機變數 X 的變異數等於 $(X-\mu)^2$ 的期望值。因此，隨機變數 X 的變異數等於 $\mathrm{E}(X-\mu)^2$。變異數的平方根就等於標準差。

　　隨機變數的變異數也稱為**二級動差**，一般以 μ_2 表示。一級動差等於各個觀測值與所有觀測值的平均數之差異值加總，也就是 $\mathrm{E}(X-\mu)$。我們已知一級動差的值永遠等於0。

　　同樣地，我們可以定義其它較高級數的動差。三級動差等於 $(X-\mu)^3$ 的期望值，一般以 μ_3 表示；而四級動差等於 $(X-\mu)^4$ 的期望值，一般以 μ_4 表示。藉由運用這些較高級數的動差，我們可以定義隨機變數兩個重要的特性：偏態與峰態。

　　偏態的定義是 μ_3^2 / μ_2^3，一般以表示 β_1。偏態衡量分配不對稱的偏離程度。一個「正常」的分配是對稱且不偏離的。對於一個對稱且不偏離的分配而言，β_1 等於0。如果某一分配的 β_1 大於0，則該分配為右偏；如果某一分配的小於0，則該分配為左偏。圖39.1、圖39.2、圖39.3分別表示對稱分配、右偏分配、左偏分配的圖形。

　　除了偏態以外，隨機變數的另一個重要特性稱為峰態。**峰態**的定義是

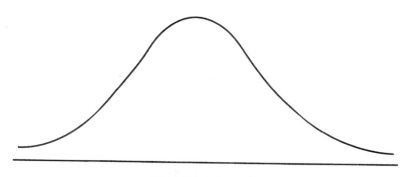

對稱分配（$\beta_1 = 0$）

圖39.1

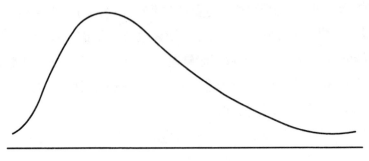

右偏分配（$\beta_1 > 0$）

圖39.2

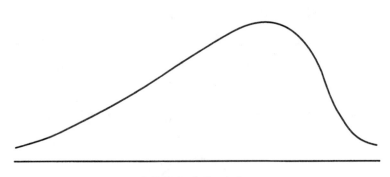

左偏分配（$\beta_1 < 0$）

圖39.3

μ_4 / μ_2^2，一般以β_2表示。

　　根據β_2的值，我們可以確認該隨機變數的分配是否為常態峰分配、高狹峰分配、或低闊峰分配。**常態峰分配**通常被視為「正常」，常態峰分配的β_2等於3。如果某一分配的β_2大於3，則該分配稱為**高狹峰分配**；如果某

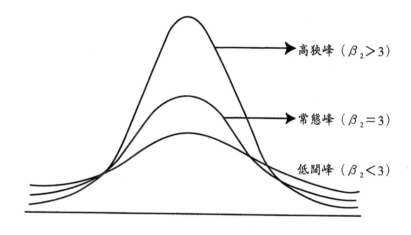

高狹峰（$\beta_2 > 3$）

常態峰（$\beta_2 = 3$）

低闊峰（$\beta_2 < 3$）

圖39.4

一分配的 β_2 小於 3，則該分配稱爲**低闊峰分配**。

圖39.4顯示這三種分配的曲線形狀。

第三章

投資組合

基本觀念

問題40　多角化的意義為何？

　　讓我們來思考一個虛擬的情況。假設我們有機會針對某一高山風景區的休息站在夏季進行爲期2個月的投資。高山風景區的天候狀況是令人難以捉摸的，有可能下大雨，也有可能不會下大雨。在下大雨時，遊客喜歡的食物是咖啡；在不下大雨時，遊客喜歡的食物是冰淇淋。假設我們選擇投資冰淇淋連鎖店，則在不下大雨的天候狀況下，我們可以從中獲利；但在下大雨的天候狀況下，我們會蒙受損失。若是我們選擇投資咖啡屋，則情形正好相反，在下大雨的天候狀況下，我們可以從中獲利；但在不下大雨的天候狀況下，我們會蒙受損失。

　　上述兩種投資標的物的獲利或損失都必須根據一個不確定的因素—是否下雨—而定。在不下大雨的天候狀況下，投資冰淇淋連鎖店的獲利相當高；相反地，在下大雨的天候狀況下，投資咖啡屋才會有相當的獲利。不論天候狀況是下大雨或是不下大雨，如果我們想要從這個投資機會獲利，或至少不要蒙受損失，則我們必須對冰淇淋連鎖店與咖啡屋都進行投資。雖然這兩種投資標的物的其中之一會使我們蒙受損失，但是我們正好可以從另一種投資標的物的獲利來補償那些損失，因此我們降低了不確定因素所導致的風險性。

　　如果我們只投資冰淇淋連鎖店或是只投資咖啡屋，則我們可能因爲任何一種不利的天候狀況而蒙受損失。但若我們可以同時投資冰淇淋連鎖店與咖啡屋，我們可以藉此降低只投資其中一種標的物所導致的風險性。投資超過一種類型標的物的方法稱爲多角化。

　　然而，多角化並不只是簡單地意味著投資超過一種類型的標的物。我

們來思考另一個虛擬的情況：如果我們可能的投資標的物只有咖啡屋與茶坊兩種，而不是冰淇淋連鎖店與咖啡屋，且假設我們已針對咖啡屋與茶坊這兩種標的物進行投資。在下大雨的天候狀況下，咖啡屋與茶坊的銷售額都會很高；但是在不下大雨的天候狀況下，咖啡屋與茶坊的銷售額都會很低。在這種虛擬的情況下，我們並不是真正的多角化。同樣地，同時投資冰淇淋連鎖店與冷飲店並無法降低整體風險性，因為冰淇淋連鎖店與冷飲店的銷售額呈現正向變動關係。

到目前為止，我們所討論的虛擬情況都太過單純。在現實世界中，我們可能不會遇到這麼單純的情況。但是上面的討論可以幫助我們理解多角化的方法－當外在環境有所改變時，投資者選擇可以使投資報酬呈現反向變動關係之投資標的物的方法。

我們可以針對公司股票的投資組合應用多角化的方法。根據問題32與問題33，我們知道股票有兩個重要的特性：投資報酬率與風險性。假設我們在考慮過某一公司股票的投資報酬率與風險性之後，將所有的資源都投資在此一公司的股票，這就像是把所有的雞蛋都放在同一個籃子裏面。

如果該公司的股價下跌，則我們將蒙受損失。因此，將我們所掌控的資金予以分配，並投資在超過一種以上的股票是必要的。若是我們選擇投資標的股票的方法等於：當某些標的股票的股價下跌時，另外一些標的股票的股價必須呈現反向變動關係，也就是股價會上漲。這種方法就稱為多角化。

問題41　多角化的方法如何應用相關係數的概念？

股票的兩個重要特性是預期投資報酬率與風險性。股票的預期投資報酬率以投資報酬率的平均值來衡量，風險性則以投資報酬率的標準差來衡量。一般而言，高投資報酬率伴隨著高風險性。投資者可以根據自己所願意承受的風險程度，選擇提供較高投資報酬率的股票做為投資標的。大部

分的投資人都是風險規避者，都不喜歡承受高風險性。

　　爲了降低風險性，投資者必須分散其投資組合。多角化的方法就等於選擇股價會呈現反向變動關係的股票。如此一來，當某一投資標的股票的股價下跌而造成投資者的損失時，其它投資標的股票的股價上漲所產生之獲利至少可以彌補一部份的損失。我們如何知道兩種股票的股價是呈現正向變動關係還是反向變動關係？

　　兩種股票的股價變動交互關係可以用相關係數做爲衡量的基準。我們將在問題53對相關係數有更進一步的討論。現在我們以兩種股票之間的股價共變數來定義相關係數。共變數的定義如下列公式所示：

$$E\{[X-E(X)]\,[Y-E(Y)]\}$$

也就等於：

$$\frac{1}{n}\sum[(x_i-\mu_x)(y_i-\mu_y)]$$

公式中的μ_x與μ_y分別是X的平均數與Y的平均數。

　　得知X與Y之間的共變數之後，相關係數就等於此一共變數除以標準差。相關係數通常以ρ（希臘字母，讀音爲rho）表示。

　　假設$E(X)$與$E(Y)$分別表示股票X與股票X的投資報酬率，且$V(X)$與$V(Y)$分別表示股票X與股票Y投資報酬率的變異數，同時W_x與W_y分別表示投資組合P中股票X與股票Y的權值。因爲權值的加總必定等於1，我們可以得到$W_x+W_y=1$的公式。

　　投資組合的報酬率等於隨機變數P的期望值，即是X與Y的線性組合。該線性組合的平均數可以容易地從下列公式求得：

$$E(P) = W_x E(X) + W_y E(Y)$$

要求得此一投資組合的風險性,我們必須算出投資組合的標準差。標準差等於變異數的平方根。投資組合的變異數包含了共變數這一項,可以用下列公式表示:

$$\text{Var}(P) = W_x^2 V(X) + W_y^2 V(Y) + 2W_x W_y \text{Cov}(X, Y)$$

公式右半部的前兩項是平方項,所以一定大於或等於0。公式右半部的最後一項必須根據共變數的正負號而定。如果共變數是負值而且數值很大,則投資組合的變異數會很小;如果共變數是正值而且數值很大,則投資組合的變異數會很大。變異數越大,標準差就越大,風險性也就越高。

我們運用多角化的方法可以降低風險性。如果我們選擇共變數數值很大而且是負值的兩種股票做為投資標的物,投資的風險性就可以降低。共變數也是有單位的。如果我們要計算兩名學生考試分數的共變數,則共變數的衡量單位是(分數)^2。身高(公分)與體重(公斤)之間的共變數衡量單位是公分一公斤。這些衡量單位非常難以解釋。藉由共變數除以標準差所求得的相關係數是沒有單位的。相關係數的值在−1與+1之間,且相關係數比較容易解釋。

因此,我們將相關係數視為兩種股票之股價變動交互關係的衡量基準。如果兩種股票之股價的相關係數 ρ 值很大,而且是負值(趨近於−1),則這兩種股票的股價會呈現反向變動關係。同樣地,如果兩種股票之股價的相關係數 ρ 值很大,而且是正值(趨近於+1),則這兩種股票的股價會呈現正向變動關係。

因為我們必須選擇共變數數值很大,而且是負值的兩種股票做為投資

標的物，所以我們要找出相關係數 ρ 值很大，而且是負值的兩種股票做爲投資標的物。

我們用以下的例子來說明多角化的方法。假設股票 X 與股票 Y 的投資報酬率分別是 12％與 18％，風險性分別是 9％與 18％，且投資組合 P 包含了 60％的 X 股票與 40％的 Y 股票。

投資組合 P 的投資報酬率如下列算式所示：

$$0.6 \times 12 + 0.4 \times 18 = 14.4（\%）$$

藉由搭配股票 X 與股票 Y 所形成的投資組合，投資組合經理人可以從這個投資組合得到 14.4％的投資報酬率，比起較低投資報酬率的股票 X 還要高，但是比起較高投資報酬率的股票 Y 還要低。然而，爲什麼投資者會願意放棄把全部的投資金額都放在有較高投資報酬率的股票 Y？爲了要降低風險性！

現在我們來看投資組合的風險性。只有在我們知道兩種股票之間的股價相關係數以後，我們才可以計算這個投資組合的風險性。我們藉由假設許多不同的相關係數值 ρ，來觀察相關係數對投資組合風險性的影響（**表41.1**）。

表41.1

ρ	共變數＝（$\rho \times \sigma_x \times \sigma_y$）	投資組合的標準差
1	162	12.6
2/3	108	11.5
1/3	54	10.3
0	0	9.0
－1/3	－54	7.4
－2/3	－108	5.4
－1	－162	1.8

當 ρ 值逐漸從＋1遞減到－1時，投資組合的風險性也逐漸從12.6％降到1.8％。ρ 值對投資組合的預期投資報酬率沒有任何的影響，只對投資組合的風險性有影響。我們可以藉由選擇相關係數為負值的股票，將這些股票納入投資組合之中來降低整個投資組合的風險性。

問題42　多角化是否能將投資風險性降為0？

多角化無法將投資風險性降為0！如果多角化能將投資風險性降為0，則多角化最徹底的投資組合代表－股票市場指數將不會有任何的風險性。但是事實上，即使是股票市場指數仍舊存在著風險性，這種風險性不是藉著多角化就可以分散的。我們稱這種風險性為**系統風險性**或是**不可分散的風險性**。

我們已知如何藉由多角化來降低風險性。也就是說，藉由納入股價會呈現反向變動的股票到投資組合裏面，我們可以降低投資組合整體的風險性。而這些被納入股票之間的相關係數數值要很大，而且必須是負值。

假設某一投資組合剛開始只含有一種股票，該投資組合的風險性就等於此種股票的風險性。如果此一投資組合再納入一種與現有股票之間相關係數為負值的股票，則此一投資組合的風險性可以降低。如果我們在投資組合裏面繼續加入其它與現有股票之間相關係數為負值的股票，則此一投資組合的風險性可以持續降低到某一定程度。

根據經驗法則，藉由多角化的方法使投資組合風險性降低無法一直持續下去。在投資組合裏面加入20到25種股票之後，投資組合的風險性無法繼續降低。圖42.1顯示投資組合的股票種類與投資組合風險性之間的關係。

當投資組合裏面的股票種類增加時，投資組合的風險性會跟著降低。我們可以觀察到這一條「股票種類－風險性」曲線會在逐漸傾斜到某一點之後，就變成一條保持平坦的直線。在這一條平坦直線之上的風險性稱為

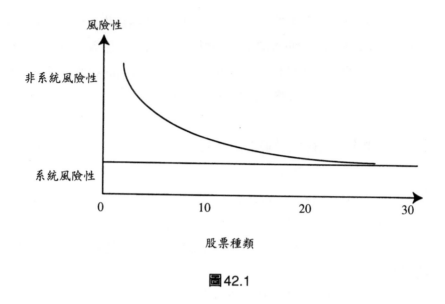

風險性

非系統風險性

系統風險性

0　　　　　　　10　　　　　　　20　　　　　　30

股票種類

圖42.1

可分散的風險性，也稱爲**非系統風險性**。可分散的風險性可以藉由多角化的方法降低。在這一條平坦直線之下的風險性稱爲**不可分散的風險性**，也稱爲**系統風險性**。系統風險性是股票市場與生俱來的風險性，無法藉由多角化的方法降低。

問題43　β爲何？如何解釋β的意義？

　　假設r_i與r_M分別是股票i與整體股票市場M的投資報酬率，我們來觀察這兩個投資報酬率之間的關係。如果我們仔細觀察同一段時間內股票i的股價變動與整個股票市場股價指數的變動，我們可以根據這一段時間的資料計算股票i與整個股票市場M股價指數的每日、每週、每月投資報酬率。

　　針對股票市場股價指數投資報酬率的變動對單一股票投資報酬率變動的影響程度，迴歸係數提供了一個估計值。迴歸等式中獨立變數項的係數即是迴歸係數，如下列等式所示：

$$r_i = \alpha + \beta\, r_M$$

α 與 β （alpha與beta）分別稱為迴歸等式的截距與斜率。根據某些特定的假設，如果我們有一組單一股票的股價以及股票市場股價指數的觀測值，就可以計算出 α 值與 β 值。從分析的觀點來說，迴歸係數 β 值是相當重要的。我們將在問題54對 β 值有更進一步的討論。現在我們直接引用 β 值等於（$\sigma_{iM}\,/\,\sigma_M^2$），並且來討論 β 值的意義。

如果r_M的變動幅度是10％，則r_i的變動幅度等於 β 值乘以10％。如果股票市場整體的投資報酬率增加幅度是10％，則某一 β 值等於2的單一股票投資報酬率會增加20％（β 值乘以10％）。同樣地，如果股票市場整體的投資報酬率降低幅度是10％，則某一 β 值等於2的單一股票投資報酬率也會降低20％。此一股票的股價變動程度比起股票市場整體的變動程度還要大。

對於某一 β 值等於1／2的單一股票而言，狀況便有所不同。此一股票投資報酬率的上下變動程度只是股票市場整體投資報酬率上下變動程度的一半。

藉由 β 值的幫助，我們可以理解單一股票相對於整體股票市場的變動程度。根據股票的 β 值，我們可以判斷此一股票是屬於積極型還是保守型。如果股票的 β 值大於1，則該股票屬於積極型；如果股票的 β 值小於1，則該股票屬於保守型。若我們持有積極型的股票，當股票市場整體的投資報酬率增加時，我們從此一股票所得的投資報酬率將大於股票市場整體的投資報酬率；但是當股票市場整體的投資報酬率減少時，我們從此一股票所得的投資報酬率將小於股票市場整體的投資報酬率。若我們持有保守型的股票，當股票市場整體的投資報酬率增加時，我們從此一股票所得的投資報酬率將小於股票市場整體的投資報酬率；但是當股票市場整體的

投資報酬率減少時，我們從此一股票所得的投資報酬率將大於股票市場整體的投資報酬率。

β 值的觀念可以延伸到投資組合。就如同股票的價格會上下變動一般，投資組合的價值也會變動。我們可以使用迴歸分析找出股票市場整體的指數變動對於投資組合的價值變動所造成的影響。我們可以求出投資組合的 β_P。

換句話說，我們可以從投資組合裏面各個股票各自的 β 值來求出整個投資組合的 β 值。整個投資組合的 β 值等於投資組合裏面各個股票各自的 β 值之加權平均，各股票加權的權值大小需視各股票在投資組合裏面所佔的比例而定。

假設股票 X 與股票 Y 的 β 值分別是2與3，股票 X 構成整個投資組合的70％，股票 Y 構成整個投資組合的30％，則整個投資組合的 β 值等於2.3（$2 \times 0.7 + 3 \times 0.3$）。

問題44　投資組合的風險性如何區分為市場風險性與個別風險性？

多角化的方法雖然降低投資組合的風險性，但是卻沒有辦法將風險性降到0，因為系統風險性或是不可分散的風險性仍舊存在。

我們來看下列的迴歸等式：

$$r_P = \alpha + \beta \, r_M + \varepsilon$$

等式之中的最後一項 ε 稱為**誤差項**或是**殘差項**。誤差項或是殘差項通常以 ε（希臘字母，讀音為epsilon）表示。根據迴歸分析的理論，誤差項有一些預設的特性。誤差值的分配為常態分配且平均數等於0。誤差值之間相互獨立而且與獨立變數不相關。

當我們求解迴歸等式兩邊的變異數時，我們可以得到下列的等式：

$$V(r_P) = V(\alpha + \beta\, r_M + \varepsilon)$$
$$= V(\alpha) + V(\beta\, r_M) + V(\varepsilon)$$

（因為 ε 與 r_M 不相關，所以 ε 與 r_M 的共變數等於0。同樣地，因為任何一個常數與任何一個隨機變數的共變數一定等於0，所以 α 與 r_M 以及 α 與 ε 的共變數都會等於0。）

$$V(r_P) = \beta^2 V(r_M) + V(\varepsilon)$$

（因為任何一個常數的變異數一定等於0，所以 α 的變異數等於0。因為 β 是常數，所以 $\beta\, r_M$ 的變異數等於 β^2 乘以 r_M 的變異數。）

我們可以得到下列的等式：

$$\sigma_P^2 = \beta^2\, \sigma_M^2 + \sigma_\varepsilon^2$$

因此投資組合的變異數可由兩項數值的加總求得，而每一項數值都包含了衡量風險性的變異數部分。第一項數值是 β^2 乘以股票市場整體的變異數 σ_M^2；而第二項數值是隨機誤差項的變異數。第一項數值所代表的風險性是股票市場本身與生俱來的風險性，無法藉由多角化的方法分散。我們將此一風險性稱為投資組合的市場風險性。

第二項數值是在移除投資組合的市場風險性之後，投資組合本身與生俱來的個別風險性。我們假設各個股票的隨機誤差值都是相互獨立而且無關的，因此 σ_ε^2 等於投資組合裏面各個股票隨機誤差值之變異數的加權，而權值等於各個股票在投資組合裏面所佔比例的平方。

我們使用以下的例子來幫助我們理解區分風險性的概念。股票 X 與股

票Y的相關資料列在**表44.1**。

表44.1

	X	Y
誤差值的變異數	37	23
β	1.2	0.8
權值	0.5	0.5

　　假設股票X與股票Y的β值分別是1.2與0.8，且股票X與股票Y各構成整個投資組合的50％，則投資組合的β值β_P可以從下列算式求得：

$$\beta_P = 1.2 \times 0.5 + 0.8 \times 0.5 = 1$$

　　投資組合誤差項的變異數等於投資組合裏面各個股票隨機誤差值之變異數的加權，而權值等於各個股票在投資組合裏面所佔比例的平方。因此我們可以從下列算式求得$\sigma_{\varepsilon,P}^2$：

$$\sigma_{\varepsilon,P}^2 = 0.5 \times 0.5 \times 37 + 0.5 + 0.5 \times 23 = 15$$

　　如果股票市場整體的變異數等於64，則我們從下列算式求出整個投資組合的變異數$\sigma_P^2 =$：

$$\sigma_P^2 = \beta^2 \sigma_M^2 + \sigma_\varepsilon^2$$
$$= 1 \times 1 \times 64 \times 16$$
$$= 79$$

問題45　效率組合為何？

　　股票市場裏面所交易的股票種類有一定的數目，但從這些股票所衍生出來的投資組合可以有無限多種。若是一個投資者想要評估所有可能的投資組合，該投資者將無法找出最佳的投資組合。很幸運地，該投資者只要能夠評估一些在市場上明顯可行的投資組合，就可以得到充分的資訊。而這一些投資組合我們稱爲效率組合。

　　投資者可以從這一些效率組合中選擇同時符合下列條件的最適投資組合：

- 針對不同程度的風險性，提供最大預期投資報酬率的投資組合；
- 針對不同程度的預期投資報酬率，提供最小風險性的投資組合。

　　可行組合是從股票市場裏面交易的股票所衍生出來的所有投資組合之集合。我們必須從可行組合中找出效率組合。根據圖45.1，我們將討論從可行組合中找出效率組合的過程。

　　假設ABCD所包含的區域爲可行組合（所有可能投資組合的集合），y 軸上的 r_p 表示投資組合的報酬率，x 軸上 σ_p 的表示投資組合的風險性。因爲可行組合裏面沒有任何一個投資組合的位置在投資組合A的左邊，所以沒有任何一個投資組合的風險性比A的風險性還要小。同樣地，因爲可行組合裏面沒有任何一個投資組合的位置在投資組合C的右邊，所以沒有任何一個投資組合的風險性比C的風險性還要大。因爲可行組合裏面沒有任何一個投資組合的位置在投資組合D的上面，所以沒有任何一個投資組合的報酬率比D的報酬率還要高。同樣地，因爲可行組合裏面沒有任何一個投資組合的位置在投資組合B的下面，所以沒有任何一個投資組合的報酬率比B的報酬率還要低。

　　弧線AC是可行組合的上方邊界範圍，所有位在弧線AC之間的投資組合都是能針對不同程度的風險性，提供最大預期投資報酬率的投資組合。

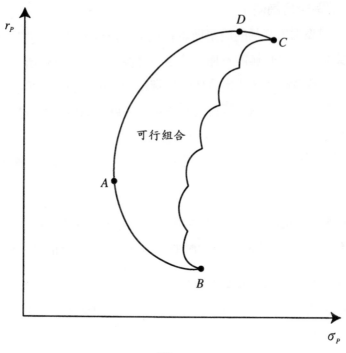

$$r_P$$

可行組合

$$A$$

$$B$$

$$D$$

$$C$$

$$\sigma_P$$

圖45.1

弧線 *BD* 是可行組合的左方邊界範圍，所有位在弧線 *BD* 之間的投資組合都是能針對不同程度的預期投資報酬率，提供最小風險性的投資組合。

效率組合必須符合同時兩個條件：最大投資報酬率與最小風險性。只有弧線 *AD* 可以同時符合這兩個條件，因此弧線 *AD* 所描述的就是所有的效率組合。所有其它的投資組合與弧線 *AD* 上面的投資組合相比較都是沒有效率的，因此理性投資者的選擇一定會侷限在這個效率組合之中。

問題46　無風險性借款與放款對效率組合的影響為何？

我們先討論無風險性放款對效率組合的影響。假設股票 *X* 與股票 *Y* 的預期投資報酬率分別是 20％與 10％，變異數分別是 25％與 15％，共變數

等於200，股票 X 與股票 Y 在投資組合的權值分別是0.8與0.2，則此一投資組合的預期投資報酬率與風險性如下列算式所示：

$$r_P = 0.8 \times 20 + 0.2 \times 10 = 18 \, (\%)$$
$$\sigma_P = \sqrt{(0.8 \times 0.8 \times 25 \times 25 + 0.2 \times 0.2 \times 15 \times 15 + 2 \times 0.8 \times 0.2 \times 200)}$$
$$= \sqrt{473}$$
$$= 22 \, (\%)$$

假設有某一毫無風險性的資產之預期投資報酬率等於8％。因為此一資產毫無任何風險性，所以標準差等於0。

如果我們以20％與80％的比例分別投資於此一無風險性資產與上面所述的投資組合，則預期投資報酬率與風險性的計算如下列算式所示：

$$預期投資報酬率 = 0.2 \times 8 + 0.8 \times 18 = 16 \, (\%)$$
$$風險性 = \sqrt{(0.8 \times 0.8 \times 22 \times 22 + 0.2 \times 0.2 \times 0 \times 0 + 2 \times 0.8 \times 0.2 \times 0)}$$
$$= 0.8 \times 22$$
$$= 17.6 \, (\%)$$

（無風險性資產的風險性等於0，無風險性資產與具風險性資產的投資報酬率之間相關性也等於0。）

使用不同的比例結合具風險性的投資組合與不具風險性的放款，我們可以為新投資組合繪製出風險─投資報酬率線，此線的形狀如圖46.1所示是一條直線。藉由構建許多不同結合型式的新投資組合，我們可以繪製出許多條風險─投資報酬率線，而這些直線的起始點都是無風險性放款的利率，但這些直線延伸到與效率前緣的交點各不相同。

在所有以無風險性放款利率 r_f 為起始點所繪出的直線中，連接到效率

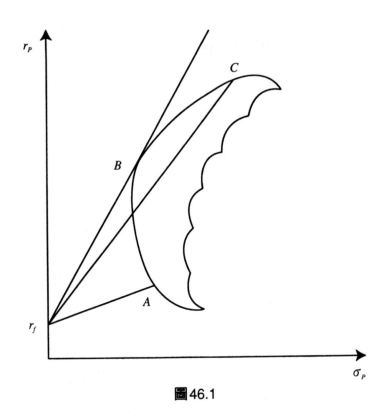

圖46.1

組合上B點的直線有特殊的意義。r_f連接到B點這條直線的一部分位在效率
組合（弧線AB某一部分）的左上方。因此，結合具風險性的投資組合B與
不具風險性的放款所形成的新投資組合比起弧線AB所代表的全部投資組合
都還要有效率。也就是說，結合具風險性的投資組合B與不具風險性的放
款所形成的新投資組合才真正是效率組合的一部分。現在的新效率組合由
兩部分所構成：從r_f連接到B點的直線以及原先效率組合的一部分—弧線
BC。

　　同樣地，藉由將無風險性借款納入投資組合之中，我們可以觀察到r_f
從連接到B點所延伸出來的直線在B點以上的部分比起效率前緣（弧線BC）

所代表的全部投資組合都還要有效率。若是在資本市場上存在著無風險性借款與無風險性放款，則從r_f連接到B點所延伸出來的直線變成了新的效率組合。

根據以上的討論，我們可以整理出以下幾點結論：

a. 無風險性資產的投資報酬率是確定的，衡量此一資產風險性的標準差等於0。

b. 針對無風險性放款，效率組合有兩部分：
- 以無風險性借款利率r_f為起始點的直線，一直延伸到與原先效率組合曲線相切的切點B。
- 從上述直線與原先效率組合曲線相切的切點B開始，沿著原先的效率組合曲線而上。

c. 針對無風險性借款，效率組合有兩部分：
- 沿著原先的效率組合曲線而上，直到以無風險性借款利率r_f為起始點所延伸的直線與原先效率組合曲線相切的切點B為止。
- 從上述直線與原先效率組合曲線相切的切點B開始，隨著直線向上延伸。

d. 效率組合結合了單一具風險性的投資組合與許多不同比例的無風險性借款以及無風險性放款。

e. 投資者可以藉由繪製效率組合的無異曲線來找出最佳的投資組合。僅只稍微規避風險的投資者比起極力規避風險的投資者還要熱中於無風險性借款。

問題47　資本市場線的意義為何？

資本市場線（CML）代表效率投資組合之標準差與投資報酬率之間的均衡關係。根據問題46，我們得到一個結論：若是在資本市場上存在著無

風險性借款與無風險性放款，則效率組合是具風險性的投資組合 B 與無風險性借款或無風險性放款的結合。投資者所選擇的新投資組合結合比例必須根據投資者對於風險性的偏好而定。但是不論是任何比例的結合，這個新投資組合都必定包含位在資本市場線與原先所有可行投資組合相切的切點 B 所代表的投資組合 B。

這種新投資組合具有一個有趣的特性：新投資組合之中一定會包含至少一種以上的公開發行股票。如果投資組合 B 的投資標的物沒有包含任何公開發行的股票，而且每位投資者都採用投資組合 B 的策略，則公開發行的股票將沒有任何的投資者進行交易。因爲公開發行的股票乏人問津，反應的股價將會下跌，隨後導致公開發行股票的預期投資報酬率上升，直到位在切點 B 的投資組合 B 包含至少一種以上的公開發行股票爲止。

根據以上的討論，我們可以理解投資組合 B 只是金融市場上一個代表所有公開發行股票的投資組合。一個效率組合的投資標的物包含了公開發行股票的投資組合，以及所需的無風險性借款或無風險性放款。因此，我們一般將資本市場線與原先所有可行投資組合相切的切點所代表的投資組合稱爲市場投資組合，並以 M 代替 B 來表示市場投資組合。理論上，市場投資組合包含了普通股、債券、特別股、房地產。但是爲了我們討論方便起見，我們假設市場投資組合是所有普通股的投資組合。

根據問題46的**圖**46.1，若是無風險性借款或是無風險性放款存在於資本市場，我們可以知道效率組合是以 r_f 爲起始點，而且與 B 點（現在我們改稱爲 M 點）相切的所有投資組合。因此，效率投資組合所代表的直線是以 r_f 爲起始點，而且通過 M 點的直線。該條直線包含了許多不同但可行的風險性—投資報酬率組合，而我們可以藉由結合市場投資組合與無風險性借款或無風險性放款來得到這些不同但可行的風險性—投資報酬率組合。這個線性的效率組合就是我們一般所稱的**資本市場線**。除了結合市場投資組合與無風險性借款或無風險性放款的新投資組合以外，所有的投資組合

的座標都在資本市場線以下的位置，雖然這些投資組合某一部分的座標位置可能非常接近資本市場線。

現在我們來討論資本市場線的特性。資本市場線的斜率等於市場投資組合的預期投資報酬率與無風險性證券的預期投資報酬率之差異值（$r_M - r_f$）除以市場投資組合的風險性與無風險性證券的風險性之差異值（$\sigma_M - 0$）。因此，資本市場線的斜率等於（$r_M - r_f$）/ σ_M。資本市場線的垂直截距（即資本市場線與 y 軸的交點）等於 r_f。所以我們可以下列等式表示資本市場線：

$$r_P = r_f + \left[(r_M - r_f) / \sigma_M\right] \sigma_p$$

等式中的 r_P 與 σ_p 分別表示投資組合的投資報酬率與風險性。

現在我們用以下的例子來說明上述的觀念。假設股票市場上只有 A、B、C 三種股票流通，股票 A、股票 B、股票 C 在股票市場所佔的比例分別是 10％、20％、70％。如果我們能成功地構建只包含這三種股票的股票市場關係，則我們可以延伸相同的邏輯到包含許多種股票的股票市場關係。假設當股票 A、股票 B、股票 C 在股票市場所佔的比例分別是 10％、20％、70％時，該股票市場整體的投資報酬率是 22％，風險性是 12％。如果無風險性的投資報酬率等於 6％，則資本市場線可以用下列算式表示：

$$r_P = 6 + \left[(22 - 6) / 12\right] \sigma_p$$

經過運算之後的算式：

$$r_P = 6 + 1.33\, \sigma_p$$

我們可以用兩個關鍵因素來說明證券市場達到均衡的特性。第一個關鍵因素是資本市場線的垂直截距。在上述例子裏面的資本市場線垂直截距等於無風險性的投資報酬率6％，這代表等待投資機會的報酬率。第二個關鍵因素是資本市場線的斜率，即等於市場投資組合的預期投資報酬率與無風險性證券的預期投資報酬率之差異值除以市場投資組合的風險性與無風險性證券的風險性之差異值。在上述例子裏面的資本市場線斜率等於1.33，這代表每承受一單位風險性所獲得的報酬率。基本上，證券市場提供一個時間價格與風險性價格的交易機制，而這些時間的價格與風險性的價格必須由供給與需求決定。資本市場線的截距與斜率可以分別當作是時間的價格與風險性的價格。根據上述的例子，時間的價格與風險性的價格分別是6與1.33。

問題48　如何解釋證券市場線？

資本市場線（CML）代表效率投資組合的標準差與該效率投資組合的投資報酬率之間的均衡關係。因為投資者所持有的具風險性證券永遠不可能達到效率投資組合的程度，所以就投資者持有的具風險性證券所繪出的直線一定低於資本市場線。我們可以使用證券市場線（SML）的觀念來進一步理解投資者所持有具風險性證券的投資報酬率。

在進行討論之前，我們回想一下若是某一證券投資組合包含 n 種權值分別為 W_1、W_2、W_3 …… W_n 的證券，則該證券投資組合的風險性必須依據各種證券的標準差、各證券在投資組合裏面所佔的權值、以及各種證券相互之間的共變數而定。證券市場是一個包含全部證券的投資組合，而這些證券以某一特定比例構成此一投資組合。假設 W_{1M}、W_{2M}、W_{3M} …… W_{nM} 分別是 n 種代表市場投資組合之證券的權值，且這 n 種證券與市場投資組合的共變數分別是 σ_{1M}、σ_{2M}、σ_{3M} …… σ_{nM}，則我們可以用下列公式求出市場投資組合的標準差：

$$(W_{1M}\,\sigma_{1M} + W_{2M}\,\sigma_{2M} + W_{3M}\,\sigma_{3M} + \cdots\cdots + W_{nM}\,\sigma_{nM})^{\frac{1}{2}}$$

雖然本書的內容不會探討上列公式完整的數學推導過程，但值得注意的是個別證券的標準差並沒有包含在上列公式裏面。這是一個很有趣且很重要的發現。個別證券對於市場投資組合標準差的影響程度必須依據該證券與市場投資組合之間的共變數大小而定，而不是依據個別證券的標準差大小而定。

根據問題47，我們已討論過若是投資者持有市場投資組合，則該投資者關注的焦點將是市場投資組合的標準差，因為市場投資組合的標準差會影響資本市場線的斜率，以及該投資者針對市場投資組合的投資程度。市場投資組合的標準差是依據投資組合裏面各種證券與市場投資組合之間的共變數大小而定。投資者應該將那些與市場之間共變數較大的證券視為影響市場風險性的重要因素。

根據以上的分析，我們可以得知：共變數 σ_{iM} 較大的證券應該以相對比例的方式對有興趣購買的投資者提供較大的投資報酬率。因此，個別證券的投資報酬率與個別證券及市場投資組合之間的共變數有可量化的關係，此關係可以用下列公式表示：

$$r_i = r_f + [\,(r_M - r_f)\,/\,\sigma_M^2\,]\,\,\sigma_{iM}$$

此一公式所代表的直線稱為**證券市場線**（SML）。證券市場線的垂直截距等於 r_f，斜率等於 $(r_M - r_f)\,/\,\sigma_M^2$。若是斜率為正值，則與市場投資組合之間共變數較大的證券會有較高的預期投資報酬率。

我們有興趣的是：若是某一證券與市場投資組合之間的共變數等於0，則該證券的預期投資報酬率等於無風險性的投資報酬率。即是如果 σ_{iM}

等於0，則 r_i 等於 r_f。即使個別證券的標準差不等於0，上述的推論仍舊成立。

若是 σ_{iM} 小於0，則某些具有風險性的證券（標準差大於0）之預期投資報酬率將小於無風險性的利率。

我們可以藉由 β 值來產生另外一種證券市場線的表現方式。根據問題43，因為 σ_{iM} / σ_M^2 就等於 β 值，所以證券市場線也可以用下列公式表示：

$$r_i = r_f + (r_M - r_f)\beta$$

這一種證券市場線的表現方式說明了 r_i 與 β 值之間的關係。這一種證券市場線的垂直截距等於 r_f，斜率等於 $(r_M - r_f)$。

評　價

問題49　資本資產評價模型為何？

根據問題23，我們已討論過評價股票的股利折現模型。如果我們應用適當的折現因子，我們可以使用股利折現模型來評價股票或是投資組合。問題是該如何找到預期的投資報酬率來當作適當的折現因子？資本資產評價模型（CAPM）就是在討論這個問題。

在問題47與問題48討論資本市場線與證券市場線時，我們已經略微帶入了資本資產評價模型的概念。資本市場線描述的是投資組合的預期投資報酬率與投資組合的標準差之間的關係；而證券市場線描述的是某一單一股票的投資報酬率與該股票的 β 值（或是該股票與市場投資組合的共變數）之間的關係。這些等式所算出的投資報酬率可以當作是評價時的折現率。

我們已討論過兩種型式的資本資產評價模型：一種是針對投資組合的資本資產評價模型；另一種是針對個別股票的資本資產評價模型。現在我們來看這兩種型式的資本資產評價模型之假設條件。理解假設條件是相當重要的，因為假設條件限定了資本資產評價模型在某些特定狀況下應用的效度。這些假設條件包括：

a. 投資者藉由比較各投資組合一段期間內的預期投資報酬率與標準差來評估投資組合。

b. 投資者都是貪婪的。所以在面對兩個類似的投資組合時，投資者都會選擇預期投資報酬率較高的投資組合。

c. 投資者都是風險規避者。所以在面對兩個類似的投資組合時，投資者都會選擇風險性較低的投資組合。

d. 個別的資產可以無限分割。也就是說，如果投資者只想要購買零股，每一位投資者都有辦法可以買到。

e. 投資者可以用無風險性的利率自由地借款或放款。

f. 稅賦與交易成本不列入考慮。

g. 所有投資者評估的投資期間長短都相同。

h. 所有投資者的無風險性利率都相同。

i. 所有投資者都能自由且即時地取得各種流通的資訊。

j. 所有投資者都有同質的期望。也就是說，投資者對於所投資證券的預期投資報酬率、標準差、共變數都有相同的認知。

根據以上這些假設，我們可以得到兩個分別稱為資本市場線與證券市場線的重要公式。若是我們已知某一投資組合的標準差，則可以藉由資本市場線求出該投資組合的預期投資報酬率。若是我們已知某一證券的 β 值（或是該證券與市場投資組合之間的共變數），則可以藉由證券市場線求出該證券的預期投資報酬率。

績　效

問題50　投資組合如何最佳化？

　　若是投資組合需要適當地分散風險性，我們已知該投資組合應該由相互之間負相關性很強的證券所組成。但就算是投資組合的風險性已分散到最低程度，該投資組合仍舊會維持一定程度的風險性。

　　每一位投資者都想要最佳化其投資組合。也就是說，該投資者會想要最大化其預期的投資報酬率，或是想要最小化其所承擔的風險性。在最佳化的過程中，投資者必須決定兩個參數：預期的投資報酬率與風險性。想要同時最大化預期的投資報酬率與最小化所承擔的風險性是不可能的任務。選擇最大化其預期投資報酬率的投資者必須修正其所能承擔的風險性；選擇最小化其所能承擔風險性的投資者必須修正其預期的投資報酬率。

　　假設投資組合 P 為 n 種證券所構成的投資組合，且 w_1、w_2……w_{n-1}、w_n 分別為每一種證券在投資組合 P 裏面所佔的權值。

　　如果 μ_1、μ_2 …… μ_{n-1}、μ_n 分別代表每一種證券在投資組合 P 裏面的預期投資報酬率，則投資組合 P 的預期投資報酬率可以由下列算式求得：

$$w_1\mu_1 + w_2\mu_2 + \cdots\cdots + w_{n-1}\mu_{n-1} + w_n\mu_n$$

　　如果 σ_1、σ_2 …… σ_{n-1}、σ_n 分別代表每一種證券在投資組合 P 裏面的標準差，且 $\sigma_{1,2}$、$\sigma_{2,3}$ …… $\sigma_{n-2,n-1}$、$\sigma_{n-1,n}$ 代表各證券之間的共變數，則投資組合 P 的風險性可以由下列算式求得：

$$(w_1^2 \sigma_1^2 + w_2^2 \sigma_2^2 + \ldots\ldots + w_{n-1}^2 \sigma_{n-1}^2 + w_n^2 \sigma_n^2 + 2w_1 w_2 \sigma_{1,2} + 2w_2 w_3 \sigma_{2,3} + \ldots\ldots + 2w_{n-1} w_n \sigma_{n-1,n})$$

我們來考慮下列的情況：若是投資者選擇風險性最小化的投資組合，且該投資組合的預期投資報酬率等於 R，則該投資者必須求出使風險性最小化且投資組合的預期投資報酬率等於 R 的各種證券權值。也就是說，投資者必須求出滿足下列三個條件的各種證券權值：

- 各種證券權值的加總等於1
- $w_1 \mu_1 + w_2 \mu_2 + \ldots\ldots + w_{n-1} \mu_{n-1} + w_n \mu_n = R$
- 最小化 $(w_1^2 \sigma_1^2 + w_2^2 \sigma_2^2 + \ldots\ldots + w_{n-1}^2 \sigma_{n-1}^2 + w_n^2 \sigma_n^2 + 2w_1 w_2 \sigma_{1,2} + 2w_2 w_3 \sigma_{2,3} + \ldots\ldots + 2w_{n-1} w_n \sigma_{n-1,n})$

一般來說有兩種方法用來求解此種最佳化問題。第一種方法稱為**拉格藍日乘數技術**（*Lagrangean multiplier technique*）。第二種方法稱為**二次規劃**（*quadratic programming*）。拉格藍日乘數技術能幫助我們求解各種證券的權值，而這些證券的權值可以預先設定精確的預期投資報酬率[1]。若是我們設定一個最低的投資報酬率，則可以應用二次規劃的方法求解最佳化問題。我們將在問題55與問題56對拉格藍日乘數技術與二次規劃有更進一步的瞭解。

問題51　投資組合的績效如何衡量？

我們不能只根據投資組合的報酬率來衡量該投資組合的績效。衡量投資組合的績效也需要考量該投資組合的風險性。評估經過風險性調整之後的投資組合績效有許多種衡量基準。

Treynor假設投資者所考量的投資組合只是該投資者所有可選擇的投資組合之一。因此，投資者可以藉由確認其總投資組合的風險性已經完全分散來消除所有的非系統風險性。Treynor的績效衡量基準 T_p 等於投資報酬率

超出無風險性投資報酬率的部分除以系統風險性（β 值），如下列公式所示：

$$T_P = (r_P - r_f) / \beta_P$$

公式中的 r_P 表示該投資組合的投資報酬率觀測值，r_f 表示無風險性投資報酬率，β_P 表示該投資組合的 β 值。

Sharpe 假設投資者所考量的投資組合包含該投資者所有可選擇的投資組合，或者是趨近於所有可選擇的投資組合。也就是說，若是該投資組合仍有任何的非系統風險性，則此一風險性無法消除。因此，Sharpe 將風險性定義為所有投資組合的總風險性 σ_P。Sharpe 認定的績效衡量基準 S_P 等於投資報酬率超出無風險性投資報酬率的部分除以所有投資組合的總風險性（σ_P），如下列公式所示：

$$S_P = (r_P - r_f) / \sigma_P$$

Jensen 認定的績效衡量基準 J_P 等於投資報酬率超出資本資產評價模型所求出之均衡投資報酬率的部分。資本資產評價模型所求出的均衡投資報酬率等於 $r_f + (r_M - r_f) \beta_P$。若是 r_P 等於該投資組合的投資報酬率，則 Jensen 的績效衡量基準如下列公式所示：

$$J_P = r_P - [r_f + (r_M - r_f)] \beta_P$$

Fama 將投資報酬率的觀測值區分為四部分：

- 無風險性投資報酬率 r_f

- 系統風險性的影響 $(r_M - r_f)\ \beta_P$
- 未完全分散風險性的影響 $(r_M - r_f)\ [\ (\sigma_P\ /\ \sigma_M)\ -\beta_P]$
- 因為選擇性所造成的淨超出（net superior）投資報酬率$(r_P - r_f)\ [(r_M - r_f)\ (\sigma_P\ /\ \sigma_M)\ ]$

第四部分是Fama對於淨選擇性的衡量基準。

數量基礎

問題52　兩隨機變數之線性組合的期望值與變異數為何？

　　假設X與Y為兩隨機變數，我們定義Z等於$aX + bY$，而a與b為常數，則Z也是一個隨機變數。因為Z是一個隨機變數，我們可以求出Z的期望值（也稱為平均值）與變異數。在我們求解Z的期望值與變異數之前，我們先看一些與隨機變數的期望值以及變異數有關的特定規則。

規則1

　　如果X是一個隨機變數，且a為常數，則aX也是一個隨機變數。aX的期望值與變異數如下列公式所示：

$$E\ (\ aX\ )=aE\ (\ X\ )$$
$$V\ (\ aX\ )=a^2 V\ (\ X\ )$$

規則2

　　如果X與Y為兩隨機變數，則隨機變數X與隨機變數Y加總的期望值與變異數如下列公式所示：

$$E(X+Y)=E(X)+E(Y)$$
$$V(X+Y)=V(X)+V(Y)+2\text{Cov}(X,Y)$$

Cov (X, Y) 表示 X 與 Y 之間的共變數，定義如下所示：

$$E\{[X-E(X)][Y-E(Y)]\}$$

運用上述兩個規則，我們可以求出 $aX+bY$ 的期望值與變異數。

$$
\begin{aligned}
E(aX+bY) &= E(aX)+E(bY) && \text{根據規則2}\\
&= aE(X)+bE(Y) && \text{根據規則1}\\
V(aX+bY) &= V(aX)+V(bY)+2\text{Cov}(aX,bY) && \text{根據規則2}\\
&= a^2V(X)+b^2V(Y)+2ab\text{Cov}(X,Y) && \text{根據規則1}
\end{aligned}
$$

問題53 相關係數為何？

假設變數 X 與變數 Y 分別代表某一班級學生的IQ值與數學成績，則我們可以預期這兩個變數之間是正向的關係。若是一名學生的IQ值很高，則該名學生的數學成績應該也很高。同樣地，若是一名學生的IQ值很低，則該名學生的數學成績應該也很低。

如果有兩個變數分別代表某一班級學生的數學成績與學生每天觀看電視的時間，則我們可以預期這兩個變數之間是反向的關係。我們會發現：若是一名學生每天觀看電視的時間很多，則該名學生的數學成績可能會很低；若是一名學生每天觀看電視的時間很少，則該名學生的數學成績可能會比較高。

在第一個例子，兩個變數之間是正向的關係；在第二個例子，兩個變數之間是反向的關係。現實上可能有一些相互之間毫無關係的變數存在，比方說學生的身高與學生的數學成績之間就毫無關係。

若是已知某兩個變數的多組觀測值，我們如何判定這兩個變數之間是正向的關係、反向的關係、或是毫無關係？即使在某些情況我們可以直覺的判定是正向的關係，但是我們如何決定正向關係的程度大小？相關係數就是以上這些問題的答案。相關係數是兩個變數之間關係緊密程度的衡量基準。

變數 X 與變數 Y 之間的相關係數可以藉由兩個變數的變異數以及共變數來定義。變數 X 與變數 Y 之間的共變數如下列公式所定義：

$$E\{[X-E(X)] \times [Y-E(Y)]\}$$

藉由共變數的觀念，相關係數（一般以 ρ 表示）的定義如下列公式所示：

$$\rho = \frac{\text{Cov}(X, Y)}{\sigma_x \sigma_y}$$

公式中的 σ_x 與 σ_y 分別表示 X 與 Y 的標準差。

根據相關係數 ρ 的定義，我們可以得到以下幾點推論：

a. 相關係數衡量兩個變數之間的相關程度大小。

b. 相關係數所衡量的兩變數之間關係是線性關係。X 與 X^2 之間的關係無法藉由相關係數反應出來。

c. 相關係數值介於－1 與＋1 之間。

d. 當變數 X 與變數 Y 之間的關係是完全正相關時，相關係數值 ρ 等於＋1。

e. 當變數 X 與變數 Y 之間的關係是完全負相關時，相關係數值 ρ 等於 -1。

f. 當變數 X 與變數 Y 之間的關係是完全沒關係時，相關係數值 ρ 等於 0。

當然，在現實世界中很少有完全正相關或是完全負相關的情況。若是兩個變數之間的相關係數值趨近於 $+1$，則我們可以將這兩個變數之間的關係視為正相關；若是兩個變數之間的相關係數值趨近於 -1，則我們可以將這兩個變數之間的關係視為負相關。

在理解相關係數的意義之後，我們可以繼續探討求解兩個變數之間相關係數的方法。為了求出相關係數值，我們必須隨機選取變數值。我們稱這些隨機選取的變數值為觀測值。針對時間序列的資料而言，觀測值之間的時間區隔是固定的。

假設 x_1、$x_2\ldots\ldots x_{n-1}$、x_n 是變數 X 的觀測值，且變數 Y 相對應的觀測值是 y_1、$y_2\ldots\ldots y_{n-1}$、y_n。若是變數 X 與變數 Y 是時間序列的資料，則 x_1 與 y_1 所發生的時間點是相同的。同樣地，其它各組相對應的觀測值所發生的時間點也是相同的。這些資料組的共變數如下列公式所定義：

$$\text{Cov}\,(\,X,\,Y\,) = \frac{1}{n} \sum_{i=1}^{n} (\,x_i - \mu_x\,)\,(\,y_i - \mu_y\,)$$

公式中的 μ_x 與 μ_y 分別表示變數 X 與變數 Y 的平均值。

以 ρ 表示的相關係數可以由下列公式求得：

$$\rho = \text{Cov}\,(\,X,\,Y\,)\,/\,\sigma_x \sigma_y$$

公式中的 σ_x 與 σ_y 分別表示變數 X 與變數 Y 的標準差。

因為標準差一定是正值，上列公式的分母項（變數 X 與變數 Y 的標準差乘積）一定也是正值，所以相關係數是正值或負值必須依據共變數是正值或負值而定。共變數是變數 X 的觀測值與平均數之差異值以及變數 Y 的觀測值與平均數之差異值的乘積加總，所以共變數是正值或負值必須依據各組乘積值是正值或負值而定。差異值的乘積值一般以 $(x_i - \mu_x)(y_i - \mu_y)$ 表示。

$(x_i - \mu_x)$ 衡量 x_i 與變數 X 平均數的差異值。同樣地，$(y_i - \mu_y)$ 衡量 y_i 與變數 Y 平均數的差異值。差異值的乘積值是正值或負值必須根據這些差異值是正值或負值而定。如果 X 與 Y 都朝著相同的方向變動，則 x_i 與變數 X 平均數的差異值以及 y_i 與變數 Y 平均數的差異值會同時是正值或負值。但不論是那一種情況，差異值的乘積值一定是正值。如果 X 與 Y 朝著不同的方向變動，則 x_i 與變數 X 平均數的差異值以及 y_i 與變數 Y 平均數的差異值其中一個是正值，另一個是負值。因此不論是那一種情況，差異值的乘積值一定是負值。因為共變數是觀測值與平均數之差異值的乘積加總，如果兩個變數都朝著相同的方向變動，則共變數必定是正值；如果兩個變數朝著不同的方向變動，則共變數必定是負值。如果差異值的乘積值很大，則共變數也會很大（不論是正值或負值）。如果兩個變數的觀測值與其相對應的平均數之差異值都很大（不論是同向變動或是反向變動），則差異值的乘積值必定也很大。

如果變數可以隨機變動（既不是同向變動，也不是反向變動），則差異值的乘積值是正值的機率或多或少會等於差異值的乘積值是負值的機率。因為這些數值的變動程度大約相等，所以共變數項趨近於0，也就是 ρ 等於0。

問題54 迴歸係數為何？

根據問題53，我們已討論過相關係數的意義。相關係數衡量兩個變數之間關係的緊密程度。有時候我們不只想要衡量兩個變數之間關係的緊密程度，而且還想知道兩個變數的變動方向關係是同向變動？還是反向變動？

如果我們發現變數 X 與變數 Y 之間的相關係數高達1，則我們可以判定這兩個變數之間的關係是正相關。但是我們無法判定到底是變數 X 影響了變數 Y？還是變數 Y 影響了變數 X？若是某一個變數變動了一單位，我們也無法判定另一個變數到底變動了多少單位？

在現實世界中，變數的變動方向關係當然是研究的重點所在。當我們觀察到降雨量與農業生產量之間的關係是正相關時，我們無法就此認定農業生產量比較多會導致降雨量也比較多。事實上應該是降雨量比較多會導致農業生產量也比較多。以上所述當然是一個很明顯的因果關係推論。但是當我們在面對某些因果關係不是那麼明顯的變數時，我們必須具備一些財務變數或是經濟變數的基本知識，以便我們能事先推測兩個變數的變動方向關係。

一旦我們可以直覺地推測兩個變數的變動方向關係，我們就能知道是那一個變數會影響另一個變數，以及那一個變數會受到另一個變數的影響。我們把會影響另一個變數的變數稱為獨立變數；而會受到另一個變數影響的變數則稱為相依變數。如果變數 X 會影響變數 Y，則變數 Y 稱為相依變數，也稱為被解釋變數；而變數 X 稱為獨立變數，也稱為解釋變數。

我們在此先暫停一下，將討論的主題轉移到我們所討論變數的本質。因為我們所討論的變數都是隨機變數，所以這些變數之間的關係並不像氣體的溫度、壓力、以及體積之間的關係是固定的。

若是獨立變數 X 有所變動，則我們會想要知道相依變數 Y 可能的變動程度是多少？我們使用迴歸係數來表現這樣的關係。變數 X 與變數 Y 之間

的線性關係中，獨立變數X的係數即等於迴歸係數，此線性關係如下列等式所示：

$$Y = \alpha + \beta X$$

等式中的α與β皆為參數。α稱為截距，而β稱為斜率。

當變數Y的值等於0時，變數Y的值即為截距。雖然變數Y的值必須根據變數X的值而定，但是當變數X的值等於0時，變數Y的值即等於α。

現在我們來看斜率的意義。如果斜率等於2，則變數Y的變動速率等於變數X之變動速率的兩倍；如果斜率等於0.5，則變數Y的變動速率等於變數X之變動速率的一半。因此，針對變數X每一單位的變動，斜率提供了變數Y的變動單位衡量基準。此一斜率稱為**迴歸係數**。

在理解迴歸係數的意義之後，我們來看計算迴歸係數的方法。在計算迴歸係數時，我們需要一些變數X與變數Y的觀測值。假設變數X的觀測值為x_1、x_2......x_{n-1}、x_n，且變數Y相對應的觀測值為y_1、y_2......y_{n-1}、y_n。我們必須求解下列迴歸等式的α值與β值，以解釋變數X與變數Y之間的關係：

$$Y = \alpha + \beta X$$

估計α值與β值有一種常用的方法稱為最小平方法。當我們使用最小平方法時，我們會試著估計α值與β值，而這些估計的α值與β值必須能最小化變數Y的實際觀測值與其所對應的估計值之差異值平方。運用最小化的方法，我們可以得知β值等於變數X與變數Y之間的共變數除以變數X的變異數。因此我們可以得到下列的等式：

$$\beta = \frac{\sigma_{XY}}{\sigma_x^2}$$

問題55 拉格藍日乘數技術（Lagrangean Multiplier Technique）如何使用？用在何處？

　　如果我們有某些特定的資源可以運用，我們可能想找出最能善用這些資源並獲取利益的方法。找出最能善用這些資源並獲取利益的方法之程序稱爲最佳化。假設我們有三種投資報酬率分別爲10％、15％、120％的投資方案可以選擇，我們一定會將無窮盡的資源都放在投資報酬率等於120％的投資方案。可是我們所能運用的資源是一個限制條件，投資金額無法超出我們的所能運用的資源，且這些所能運用的資源已經包括了借來的資源。第二個限制條件是風險性。從我們的立場來看，風險性的限制可能比資源的限制還要重要。我們可以毫無疑問地找到投資報酬率等於120％的投資方案，但是這種投資方案的風險性有多高？我們是否願意承擔這麼高的風險性？

　　投資者必須在限制條件下最佳化其投資組合。投資者最佳化其投資組合的程序是選擇各種不同的股票納入其投資組合，並賦予各股票適當的權值以得到「最好的結果」。此處所稱「最好的結果」指的是預期投資報酬率或是風險性。投資者不可能在最低風險性的情況下獲取最高的投資報酬率。金融市場不會有這樣的機會出現。

　　若是某一投資者必須從其投資組合獲取某一定程度的投資報酬率，則該投資者可以在此一預期投資報酬率的限制條件之下，盡可能地最小化風險性。另一方面，若是某一投資者所能承擔的投資組合風險性必須控制在某一定程度，則該投資者可以在此一風險性的限制條件之下，盡可能地最大化預期投資報酬率。因此，投資組合最佳化的問題即是在某一預設的風險性程度之下，使得該投資組合的預期投資報酬率最大化；或是在某一預設的預期投資報酬率之下，使得該投資組合的風險性最小化。

　　我們可以應用微積分的觀念求解函數的**局部最大值**（*local maximum*）與**局部最小值**（*local minimum*）。對一個$y = f(x)$的函數來說，若是其一

階導數$dy / dx = 0$，則y值所對應的點即是局部最大點或是局部最小點。若是此一點的二階導數d^2y / dy^2值為負數，則此點為局部最大點；若是此一點的二階導數d^2y / dy^2值為正數，則此點為局部最小點。如果我們能將最佳化問題以這樣的數學函數表示，我們就可以用微積分的方法求解最佳化問題。

即使我們必須在限制條件下求解最佳化問題，微積分的方法仍然適用。在限制條件下求解最佳化的問題，我們可以使用拉格藍日乘數技術。

投資組合最佳化的問題有一些限制條件。我們來看以下的例子。假設某一投資者可能的投資標的包括A、B、C三種股票與這三種股票所形成的投資組合，且A、B、C這三種股票的投資報酬率分別為8％、10％、12％。假設A、B、C這三種股票的變異數一共變數矩陣如表55.1所示。

如果a、b、c分別代表A、B、C這三種股票所佔總投資金額的比例，則總投資報酬率與變異數可以由下列算式求得：

$$投資報酬率 = 0.08a^2 + 0.10b + 0.12c$$
$$變異數 = 0.15a^2 + 0.2b^2 + 0.25c^2 + 2ab(-0.3) + 2ac(-0.4) + 2bc(-0.4)$$

我們假設該投資者為了達到風險性最小化的目的，將投資報酬率設定為11％。現在的問題變成是求出滿足下列兩個算式的a、b、c：

表55.1

	A	B	C
A	15％	-30％	-40％
B	-30％	20％	-20％
C	-40％	-20％	25％

$0.08a + 0.10b + 0.12c = 0.11$

最小化 $0.15a^2 + 0.2b^2 + 0.25c^2 + 2ab(-0.3) + 2ac(-0.4) + 2bc(-0.2)$

在投資報酬率的限制條件下，我們必須最小化 a、b、c 的函數：變異數 V。另一個限制條件是 a、b、c 的加總必須等於 1。

現在的問題變成是最小化下列算式：

$$V = 0.15a^2 + 0.2b^2 + 0.25c^2 + 2ab(-0.3) + 2ac(-0.4) + 2bc(-0.2)$$

在下列兩個限制條件之下：

$$0.08a + 0.10b + 0.12c = 0.11$$
$$a + b + c - 1 = 0$$

拉格藍日乘數技術根據下列的步驟求解這種問題：

步驟一

構建如下列算式的函數 L：

$$L = 0.15a^2 + 0.2b^2 + 0.25c^2 + 2ab(-0.3) + 2ac(-0.4) + 2bc(-0.2)$$
$$+ \lambda(0.08a + 0.10b + 0.12c - 0.11) + \mu(a + b + c - 1)$$

步驟二

將函數 L 偏微分，並將各偏微分的值 $\partial L / \partial a$、$\partial L / \partial b$、$\partial L / \partial c$、$\partial L / \partial \lambda$、以及 $\partial L / \partial \mu$ 設定為 0。不論是局部最大點的偏微分值或是局部最

小點的偏微分值都必須等於0。

$$\partial L \,/\, \partial a = 0.3a + 0.6b + 0.8c - 0.08\ \lambda + \mu = 0$$
$$\partial L \,/\, \partial b = 0.4b + 0.6a + 0.4c - 0.10\ \lambda + \mu = 0$$
$$\partial L \,/\, \partial a = 0.5c + 0.8a + 0.4b - 0.12\ \lambda + \mu = 0$$

步驟三

　　根據五個等式求解五個未知數：a、b、c、λ、μ。其中三個等式是從步驟二的偏微分結果而來；另外兩個等式是這個問題的限制條件，如下所示：

$$0.08a + 0.10b + 0.12c = 0.11$$
$$a + b + c - 1 = 0$$

　　然後我們可以求出最小化此一投資組合風險性的a、b、c值。

問題56　線性規劃與二次規劃的方法為何？

　　根據問題55，我們已討論過能在某些限制條件下幫助我們求解最佳化問題的拉格藍日乘數技術。拉格藍日乘數技術所能應用的最佳化問題之限制條件都是等式。若是最佳化問題之限制條件含有不等式，則我們可以應用線性規劃與二次規劃的方法來求解最佳化問題。

　　我們先來看線性規劃的方法。線性規劃的方法必須在線性的限制條件下使用，才能使得線性函數最佳化。我們來看以下的例子。假設某一投資者可能的投資標的包括A、B、C、D四種股票與這四種股票所形成的投資組合，且A、B、C、D這四種股票的投資報酬率分別為10％、12％、11％、13％。假設該投資者針對任何一種股票的投資金額不可以超過全部股

票總投資金額的25％，同時假設股票A與股票B的投資金額加總不可以超過全部股票總投資金額的50％。假設可投資的總金額等於$100,000。當該投資者必須「最佳化」其投資報酬率時，此處所提的「最佳化」很明顯地是指最大化。

如果a、b、c、d分別代表A、B、C、D這四種股票的投資金額，則總投資報酬可以由下列算式表示：

$$最大化\ 0.1a + 0.12b + 0.11c + 0.13d$$

限制條件為：

$$a + b + c + d = 100000$$
$$a <= 25000$$
$$b <= 25000$$
$$c <= 25000$$
$$d <= 25000$$
$$a + b <= 25000$$

a、b、c、d必須大於或等於0。

因為所欲最佳化的函數是線性函數，六個限制條件也都是線性的，所以我們可以使用線性規劃的方法求解a、b、c、d的值。求解線性規劃問題的方法之一稱為**簡算法**（或稱單形法，simplex method）。簡算法應用了反覆的計算過程。

若是所欲最佳化的函數不是線性函數，或是任何一個限制條件的某一項不是線性的，則簡算法無法用來求解此類最佳化問題。這一類的最佳化問題必須使用二次規劃的方法求解。

我們來看爲何風險性最小化的問題是二次規劃的問題。我們來看以下的例子。假設某一投資者可能的投資標的包括X、Y、Z三種股票與這三種股票所形成的投資組合，且X、Y、Z這三種股票的投資報酬率分別爲10％、12％、14％。假設X、Y、Z這三種股票的變異數—共變數矩陣如**表56.1**所示。

假設投資者可投資的總金額等於\$100,000，且該投資者針對X、Y、Z這三種股票所形成之投資組合的預期投資報酬率爲至少11％。如果x、y、z分別代表X、Y、Z這三種股票所佔總投資金額的比例，則總投資報酬率與變異數可以由下列算式求得：

投資報酬率＝$0.10x + 0.12y + 0.14z$

變異數＝$0.01x^2 + 0.04y^2 + 0.09z^2 + 2xy(-0.1) + 2xz(-0.3) + 2yz(-0.2)$

現在的問題變成是求出能使該投資者的投資報酬率至少達到11％，且能使該投資者風險性最小化的a、b、c值。我們來看拉格藍日乘數技術與二次規劃問題的差異點。就拉格藍日乘數技術而言，在我們設定所預期的投資報酬率等於11％時，我們必須使風險性最小化。就二次規劃問題而言，在我們設定所預期的投資報酬率至少等於11％時，我們必須使風險性最小化。

表56.1

	X	Y	Z
X	0.01	-0.1	-0.3
Y	-0.1	0.04	-0.2
Z	-0.3	-0.2	0.09

我們必須最小化下列的風險性函數：

$$0.01x^2 + 0.04y^2 + 0.09z^2 + 2xy(-0.1) + 2xz(-0.3) + 2yz(-0.2)$$

基於以下的限制條件：

$$x + y + z = 100000$$
$$0.10x + 0.12y + 0.14z \geq = 0.11$$

x、y、z 必須大於或等於 0。

若是所欲最佳化的函數不是線性函數，我們無法使用簡算法求解此類最佳化問題。若要求解此類最佳化問題必須使用非線性規劃的方法，像是KKT（Karush－Kuhn－Tucker）條件或是Frank－Wolfe演算法。

求解線性規劃問題或是二次規劃問題時，所需的計算過程是相當繁瑣的。Microsoft Excel工作表所提供的工具Solver可以幫助我們輕而易舉地解出此類問題。我們將在第五章的問題96對於Excel工作表如何幫助我們求解線性規劃問題或是二次規劃問題有更進一步的瞭解。

第四章

選擇權

基本觀念

問題57　選擇權為何？

採購交易與銷售交易受到許多因素的影響。最簡單的交易型式稱為現金交易。在買方與賣方都同意進行交易之後，賣方將交易標的物交予買方，同時買方將現金交予賣方──就此完成交易程序。

另一種交易型式稱為遠期合約。買方與賣方都同意在未來的某一個時間點進行交易。買方同意在未來的某一個時間點將現金交予賣方，並且負責將交易標的物取走。根據合約，買方有義務在某一個時間點付出現金且取走交易標的物。同樣地，賣方有義務在同一個時間點提供交易標的物且收取現金。標準的遠期合約稱為期貨合約。

就遠期合約而言，買方與賣方都有履行合約的義務；但是就選擇權合約而言，它提供買方一個履行合約的權利，而不需擔負任何履行合約的義務。選擇權合約有兩種型式：買權（call）與賣權（put）。

買權的買方具有用某一事先預定的價格在未來購買某一資產的權利，但不需擔負任何履行合約的義務。如果買權的買方有意願履行合約並購買此一資產，則買權的賣方有義務賣出此項資產。賣權的買方具有用某一事先預定的價格在未來賣出某一資產的權利，但不需擔負任何履行合約的義務。如果賣權的買方有意願履行合約並賣出此一資產，則賣權的賣方有義務購買此項資產。若是買權的買方行使購買資產的權利，或是賣權的買方行使賣出資產的權利，我們將此種行為稱為選擇權持有者行使其購買或賣出資產的權利。

買權的買方不是立即購買資產，而是買進一個可以在未來某一時間以某一預先設定的價格購買某項標的資產的權利。此一資產可以是期貨商品

（像是棉花、玉米、小麥……等）、政府公債、股票、或是外匯。如果選擇權的買方決定購買此一資產，則選擇權的賣方有義務將該資產賣給選擇權的買方。同樣地，賣權的買方是買進一個可以在未來某一時間以某一預先設定的價格賣出某項標的資產的權利。

我們先來看一些有關選擇權議題的基本專有名詞。就選擇權合約來說，預先設定的投資標的物交易價格稱為履約價格、執行價格、或是行使價格。履約價格在各種不同的書籍中一般以 X、E、或是 K 表示。為了討論方便起見，我們使用 SP 來代表履約價格。此外，我們也使用 PP 來表示行使選擇權的時候，標的資產在現貨市場的交易價格；標的資產在任何時間點 t 的市場交易價格則以 CP_t 或是 CP 表示。

選擇權可以被行使的日期稱為履約日期，一般以 T 表示。根據選擇權是否可以在履約日期之前行使，還是只能在履約日期當天行使，實務界將選擇權區分為兩類——歐式選擇權與美式選擇權。對**歐式選擇權**來說，選擇權的買方只能在履約日期當天行使選擇權；對**美式選擇權**來說，選擇權的買方可以在履約日期之前或是履約日期當天行使選擇權。

選擇權的賣方通常稱為**選擇權出售者**（*option writer*）；選擇權的買方通常稱為**選擇權持有者**（*option holder*）。

取得選擇權的價格稱為**溢價**。本章的重點在於如何求出選擇權適當的溢價，也就是選擇權的價格或價值。我們以 C 與 P 分別表示歐式買權的溢價與歐式賣權的溢價。同樣地，我們以 C' 與 P' 分別表示美式買權的溢價與美式賣權的溢價。歐式買權的溢價、歐式賣權的溢價、美式買權的溢價、美式賣權的溢價都必須根據下列因素而定——時間點 t 的市場交易價格 CP_t、時間點 t 距離履約日期的時間長短、履約價格 SP。因此，我們有時可以用 C（CP_t，t，SP）與 P（CP_t，t，SP）分別表示歐式買權的價值與歐式賣權的價值。同樣地，我們可以用 C'（CP_t，t，SP）與 P'（CP_t，t，SP）分別表示美式買權的價值與美式賣權的價值。藉由這樣的方式，我們將選擇權

的價值以CP_t、t、SP的函數表示。

問題58　選擇權的用途為何？

選擇權是一種新興的衍生性金融商品，其價值必須根據所依附的其它資產價值而定。同時，選擇權也是一種避險的財務工具。藉由以下的一些例子，我們可以比較容易理解選擇權的用途。首先我們來看買權的例子。

假設某一公司股票今天的市場價格為$150，且X必須在三個月後交付1,000股該公司的股票給Y。X可以在今天以$150的價格購買1,000股該公司的股票，並持有這些股票三個月，直到三個月後再將這1,000股該公司的股票交付給Y。在以上的過程中，X可能有兩方面的損失。第一、X在今天就購買1,000股在三個月後才需要交付給Y的股票，因此X已經配置了原先可以投資在其它管道的資金。第二、該公司股票今天的價格是$150，但更重要的是三個月後的股票價格可能已經下跌。若是三個月後該公司的股票價格下跌到$100，則X每股真正支付的價格比起在股票交付當日的市場價格多了$50。

X可以有另一個替代方案，就是在三個月後以股票交付當日的市場價格購買該公司1,000股的股票。如果三個月後該公司的股票價格是$150，則X並沒有任何損失；如果三個月後該公司的股票價格低於$150，則X甚至有些許利得；但是如果三個月後該公司的股票價格高於$150，比方說是$200，則X有些許的損失。在上述的情況下，X能夠持有遠期合約。X可以試著與其它交易夥伴達成一個在三個月後以某一事先預定價格購買股票的遠期合約，如此X即可根據事先約定的價格購買股票並將股票交付給Y。遠期合約不僅是提供交易的權利，還規範必須以某一事先預定價格交易股票的義務。即使該公司的股票在股票交付當日的市場價格已經下跌，X仍舊必須以事先預定的價格購買股票。如果該公司當日股票的市場價格約為$120，且X事先同意以某一較高的價格購買此一股票，比方說是$145，則

X將承受損失。

根據以上的討論，我們可以看出選擇權的優點。在股票交付當日X不必以$150的市場價格購買該公司的股票，也不必以某一事先約定的價格購買該公司的股票，X可以購買一個在未來某一日期以某一事先約定的價格買進股票的權利。這種在未來買進股票的權利稱為買權。

X可以購買一個履約日期在三個月後以某一事先約定的價格（**履約價格**）買進股票的權利。在三個月之後，該公司股票的市場價格可能高於、等於、或是低於履約價格。如果該公司股票的市場價格低於履約價格，則此一買權稱為價外（out of the money）選擇權；如果該公司股票的市場價格等於履約價格，則此一買權稱為價平（at the money）選擇權；如果該公司股票的市場價格高於履約價格，則此一買權稱為價內（in the money）選擇權。

假設X購買一個可以在履約價格$145買進某一股票的買權，且在履約日期當日該股票的市場價格可能是$140、$145、或是$150。如果在履約日期當日該股票的市場價格是$140，則此一買權稱為價外選擇權，且X將不會行使此一選擇權，X將寧可以市場價格$140買進該股票；如果在履約日期當日該股票的市場價格是$150，則此一買權稱為價內選擇權，且X將會行使此一選擇權，X將以履約價格$145買進該股票；如果在履約日期當日該股票的市場價格是$145，則此一買權稱為價平選擇權，且X行使或不行使此一選擇權將不會有任何的差異。針對此一股票可能的價格上漲，X已經有避險的部位。同時，在此一股票價格下跌的情況下，X並不會有損失。

現在我們來看賣權的例子。假設X在兩個月後必須交付新台幣$32,000,000給Y，而X現在持有美元$1,000,000，且今天的美金——台幣匯率等於1：32。X可以在今天的外匯現貨交易市場賣出美元，以換取兩個月後必須交付給Y的新台幣。如果美金——台幣匯率呈現台幣貶值的走

勢，則X必須承受潛在的損失。換個方式，X可以試著與其它交易夥伴達成一個在兩個月後到期且以某一事先約定匯率賣出美元的遠期外匯合約，比方說是兩個月後到期且美金——台幣匯率等於1：32的遠期外匯合約。可是如果美金——台幣匯率呈現台幣貶值的走勢，則X仍須承受潛在的損失，因為根據遠期外匯合約的內容，X有義務在兩個月後以事先約定的美金——台幣匯率1：32賣出美元，即使現行的美金——台幣匯率明顯地呈現美元升值的走勢。

針對以上的情形，賣權相當能發揮避險的作用。X可以買進一個履約日期在兩個月後且能以美金——台幣匯率1：32的履約價格賣出美元$1,000,000的賣權。如果在兩個月後的美金——台幣匯率呈現台幣貶值的走勢，即是美元$1能兌換比起履約價格新台幣$32價值還要更高的新台幣，則X將不會行使此一賣權，因為X可以在外匯現貨交易市場用比履約價格更好的條件來賣出美元。可是如果美金——台幣匯率呈現台幣貶值的走勢，即是美元$1能兌換的新台幣價值比起履約價格新台幣$32還要更低，則X將會行使此一賣權並以美金——台幣匯率1：32的履約價格賣出美元。

我們已知如何運用選擇權來控制某些投資標的物因為市場價格波動所引起的風險性，比方說是上市上櫃股票、政府公債、期貨、外匯……等。當這些投資標的物的市場價格變動方向不是我們原先所期盼的方向時，選擇權可以幫助我們控制這些投資標的物價格變動所引起的風險性。另一方面，如果這些投資標的物的市場價格變動方向正是我們原先所期盼的方向，則我們將不需行使此一選擇權，因為我們可以直接從現貨交易市場的價格獲取利得。

問題59　選擇權持有者的潛在損失與潛在利得為何？

對選擇權的持有者來說，沒有任何無法事先預知的損失。選擇權持有

者的最大損失只不過是當初支付購買此一選擇權的金額。首先我們以買權的例子來理解選擇權持有者可能的損失。假設某一投資標的物現在的市場價格是$63，且X購買一項選擇權可以在一個月後用$62的價格買進此一投資標的物，而此一選擇權的價格是$4。

在一個月之後，此一投資標的物的現貨市場價格可能小於、等於、或大於$62。如果該投資標的物在現貨市場的價格小於$62，則X將會直接在現貨市場以低於$62的價格購入此一投資標的物。X損失了一個月之前購買選擇權所花費的$4。如果該投資標的物在現貨市場的價格大於$62，比方說是$65，則X將會行使此一選擇權，並在現貨市場以履約價格$62購入此一投資標的物。在這種情況下，該投資標的物在現貨市場的價格（$65）與其履約價格（$62）的差異值就是X的利得，即等於$3。因為X已經支付一個月前購買選擇權所花費的$4，所以X的淨利（損）等於投資利得$3與投資成本$4的差異值，即是淨損$1。我們可以發現到：當投資標的物在現貨市場的價格與其履約價格的差異值小於此一選擇權的價格時，X就會發生投資淨損的情形。如果投資標的物在現貨市場的價格與其履約價格的差異值大於此一選擇權的價格時，X就不會有投資淨損的情形，只會發生投資淨利的情形。

我們來看看不同的情境。假設C等於買權的取得成本，SP等於選擇權合約中的履約價格。若是PP等於履約日期當天投資標的物在現貨市場的價格，則PP可能大於SP，也可能小於SP。PP等於SP的情形太過於特殊，我們將不在本書討論。如果PP小於SP，則此一買權將不會被行使，所以淨損等於C。

如果PP大於SP，則（PP－SP）等於此一買權所衍生的利得。因為C等於買權的取得成本，所以淨利（損）等於（PP－SP）－C。若是（PP－SP）小於C，則會發生投資淨損的情形；若是（PP－SP）大於C，則會發生投資淨利的情形。理論上，投資淨利是沒有上限的。因為履約日期當天

投資標的物在現貨市場的價格PP是沒有上限的，所以投資淨利也是沒有上限的。

　　同樣地，我們也可以用類似的方法來討論賣權的潛在損失。假設P等於賣權的取得成本，SP等於選擇權合約中的履約價格，PP等於履約日期當天投資標的物在現貨市場的價格。如果PP大於SP，則賣權的持有者將不會行使此一選擇權，所以淨損等於P，即是賣權的取得成本。

　　如果PP小於SP，則（SP－PP）等於此一賣權所衍生的利得。因為P等於賣權的取得成本，所以淨利（損）等於（SP－PP）－P。若是（SP－PP）小於P，則會發生投資淨損的情形；若是（SP－PP）大於P，則會發生投資淨利的情形。投資淨利是有上限的，因為選擇權合約中的履約價格SP是預先設定的價格，同時我們可以大膽地假設履約日期當天投資標的物在現貨市場的價格PP不可能小於0，所以當PP等於0時，選擇權持有者因為此一賣權所衍生的最大可能利得等於SP，而最大可能投資淨利等於SP減去賣權的取得成本P。

　　我們將以上所討論的結果，針對買權與賣權分別把選擇權持有者的最大淨利與最大損失整理在**表59.1**。

表59.1

	最大淨利	最大損失
買權	PP－SP－C	C
賣權	SP－P	

問題60　選擇權出售者的風險性為何？

　　根據問題59，我們已討論過選擇權持有者的潛在損失與潛在利得。現在我們來看選擇權出售者的情形。選擇權出售者的情形與選擇權持有者的

情形正好完全相反，選擇權持有者的利得等於選擇權出售者的損失，而選擇權持有者的損失等於選擇權出售者的利得。

　　首先我們以某一現貨市場價格$107之投資標的物的買權為例，假設選擇權出售者賣出一項履約價格等於$105的買權，且此一買權的價格等於$3，則選擇權出售者的潛在損失或潛在利得必須根據該投資標的物在現貨市場的價格而定。如果此一投資標的物在現貨市場的價格低於履約價格$105，則選擇權持有者將寧可直接在現貨市場以低於$105的價格購入此一投資標的物，而不會行使買權。在這種情況下，選擇權出售者的利得即等於出售買權所取得的$3。

　　若是此一投資標的物在現貨市場的價格高於履約價格$105，則選擇權持有者將會行使買權。在這種情況下，選擇權出售者必須在市場上以現貨價格購買該投資標的物，並以履約價格$105出售給選擇權持有者。選擇權出售者損失了該投資標的物的現貨市場價格與履約價格$105的差異值，可是只要此一投資標的物的現貨市場價格與履約價格之差異值小於出售買權所取得的$3，選擇權出售者仍舊有投資淨利；但若是此一投資標的物的現貨市場價格與履約價格之差異值大於出售買權所取得的$3，選擇權出售者開始發生投資淨損。理論上，投資淨損是沒有上限的。當此一投資標的物在現貨市場的價格上漲越多，選擇權出售者的損失也隨之增加。因為履約日期當天投資標的物在現貨市場的價格是沒有上限的，所以選擇權出售者的投資淨損也是沒有上限的。

　　現在我們來看賣權的情形。假設選擇權出售者賣出一項履約價格等於$105的賣權，且此一賣權的價格等於$3，則選擇權出售者的潛在損失或潛在利得必須根據該投資標的物在現貨市場的價格而定。如果此一投資標的物在現貨市場的價格高於履約價格$105，則選擇權持有者將寧可直接在現貨市場以高於$105的價格賣出此一投資標的物，而不會行使賣權。在這種情況下，選擇權出售者的利得即等於出售賣權所取得的$3。

若是此一投資標的物在現貨市場的價格低於履約價格$105，則選擇權持有者將會行使賣權。在這種情況下，選擇權持有者將以高於市場上現貨價格的$105賣出該投資標的物，而選擇權出售者則必須以高於市場上現貨價格的$105購買此一投資標的物。選擇權出售者損失了該投資標的物的履約價格$105與現貨市場價格的差異值，可是只要此一投資標的物的履約價格與現貨市場價格之差異值小於出售賣權所取得的$3，選擇權出售者仍舊有投資淨利；但若是此一投資標的物的履約價格與現貨市場價格之差異值大於出售賣權所取得的$3，選擇權出售者開始發生投資淨損。理論上，履約日期當天投資標的物在現貨市場的價格不可能小於0，所以當投資標的物在現貨市場的價格等於0時，選擇權出售者因為此一賣權所衍生的最大可能損失等於履約價格，而最大可能投資淨損等於履約價格減去出售賣權所取得的金額。

我們將以上所討論的結果，針對買權與賣權分別把選擇權出售者的最大淨損與最大利得整理在**表**60.1。

表60.1

	最大淨損	最大利得
買權	$PP - SP - C$	C
賣權	$SP - P$	

問題61　選擇權的真實價值與時間價值為何？

我們可以將選擇權的價值區分為兩部分——真實價值與時間價值。真實價值（intrinsic value）也稱為平價價值（parity value）；而時間價值（time value）也稱為平價價值溢價（premium over parity）。

我們先來看買權在任一時間點t的真實價值（t小於履約日期T）。選擇

權的眞實價值必須根據此一選擇權是價內選擇權、價平選擇權、或是價外選擇權而定。價內選擇權、價平選擇權、或是價外選擇權這三種狀態則必須根據投資標的物的現貨市場價格CP_t與選擇權合約的型式——買權或賣權——而定。**表61.1**整理出各種型式的價內選擇權、價平選擇權、價外選擇權。

表61.1

	買權	賣權
價內選擇權	$CP_t > SP$	$CP_t < SP$
價平選擇權	$CP_t = SP$	$CP_t = SP$
價外選擇權	$CP_t < SP$	$CP_t > SP$

如果某一買權是價內選擇權,則該買權的眞實價值即等於投資標的物的現貨市場價格超出買權履約價格的部分。如果投資標的物的現貨市場價格高於買權的履約價格,則此一買權爲價內選擇權。如果某一買權是價外選擇權,則該買權的眞實價值等於0。

根據以上的討論,我們可以用下列的數學型式來表示買權的眞實價值:

$$買權的眞實價值 = CP_t - SP \ \ 若 CP_t > SP$$
$$= 0 \ 若 CP_t < SP$$

也可以用下列的型式表示:

$$買權的眞實價值 = \max \left[0, CP_t - SP \right]$$

此處的max函數表示從括號〔〕中的兩個數值選取較大的一個數值。

買權在時間點t的時間價值等於買權的市場價格與真實價值之間的差異值。我們可以用下列的數學型式來表示買權的時間價值：

$$買權的時間價值 = C_t - 買權的真實價值$$

我們以某一價格為$30的股票為例。假設此一股票之買權的履約價格等於$28，若是此一買權的市場價格為$3，則

$$買權的真實價值 = max〔0, 30 - 28〕= 2$$
$$買權的時間價值 = 3 - 2 = 1$$

同樣地，賣權也有真實價值與時間價值。

$$賣權的真實價值 = max〔0, SP - CP_t〕$$
$$賣權的時間價值 = P_t - 賣權的真實價值$$

評　　價

問題62　選擇權在履約日期的價格為何？

我們先來看在履約日期時歐式買權的報酬結構，並分析歐式買權在以下兩種情況的價值——PP > SP與PP ≦ SP。此處的PP表示履約日期時投資標的物在現貨市場的價格，而SP表示履約價格。

如果在履約日期時投資標的物的現貨市場價格PP大於履約價格SP，則此一買權將會被行使，所以該買權的價值等於（PP - SP）。另一方面，

如果在履約日期時投資標的物的現貨市場價格PP等於或小於履約價格SP，則此一買權將不會被行使，所以該買權的價值等於0。

根據我們先前所討論的問題57，歐式買權的價值必須根據下列因素而定──履約日期時投資標的物的現貨市場價格PP、距離履約日期的時間長短t、履約價格SP。因此，我們以C（PP, 0, SP）替代C來表示買權的價值。在履約日期當天，也就是$t=0$時，歐式買權的價值可以用下列等式表示：

$$C(PP, 0, SP) = \max\ [0, PP - SP]$$

同樣地，我們可以用下列等式表示履約日期當天的歐式賣權價值：

$$P(PP, 0, SP) = \max\ [0, SP - PP]$$

若是選擇權都在履約日期當天行使，則歐式選擇權與美式選擇權之間沒有任何的差異。因此，在履約日期當天歐式選擇權與美式選擇權的價值都相等。

我們將以上的討論結果整理如下：

$$C(PP, 0, SP) = C'(PP, 0, SP) = \max\ [0, PP - SP]$$
$$P(PP, 0, SP) = P'(PP, 0, SP) = \max\ [0, SP - PP]$$

若我們以某一履約價格等於$24的買權為例。如果在履約日期當天投資標的物的現貨市場價格等於$26，則此一買權的價值等於$2；另一方面，如果在履約日期當天投資標的物的現貨市場價格等於$23，則此一買權的價值等於$0。同樣地，若我們也以某一履約價格等於$24的賣權為

例。如果在履約日期當天投資標的物的現貨市場價格等於$26，則此一買權的價值等於$0；另一方面，如果在履約日期當天投資標的物的現貨市場價格等於$23，則此一買權的價值等於$1。

問題63　選擇權的價格與其履約價格以及履約日期有何相關性？

美式買權與歐式買權的價格並非履約價格的遞增函數；而美式賣權與歐式賣權的價格並非履約價格的遞減函數。

對於買權來說，履約價格代表與行使選擇權有關的現金流出。假設某兩個相似的選擇權具有不同的履約價格，比方說是 SP_1 與 SP_2，且 $SP_1 > SP_2$，則具有較高履約價格 SP_1 之選擇權的預期獲利將比具有較低履約價格 SP_2 之選擇權的預期獲利還要少，因為履約價格是現金流出。與具有較高預期獲利之選擇權的價格相比較，具有較低預期獲利之選擇權的價格會比較低。

對於賣權來說，履約價格代表與行使選擇權有關的現金流入。假設某兩個相似的選擇權具有不同的履約價格，比方說是 SP_1 與 SP_2，且 $SP_1 > SP_2$，則具有較高履約價格 SP_1 之選擇權的預期獲利將比具有較低履約價格 SP_2 之選擇權的預期獲利還要多，因為履約價格是現金流入。與具有較高預期獲利之選擇權的價格相比較，具有較低預期獲利之選擇權的價格會比較低。

因此，如果 $SP_1 > SP_2$，我們可以將上述討論的結果整理成下列的不等式：

$$C\,(CP, t, SP_1) \leq C\,(CP, t, SP_2)$$
$$C'\,(CP, t, SP_1) \leq C'\,(CP, t, SP_2)$$
$$P\,(CP, t, SP_1) \geq P\,(CP, t, SP_2)$$
$$P'\,(CP, t, SP_1) \geq P'\,(CP, t, SP_2)$$

對於可以在履約日期之前任一時間點行使的美式選擇權來說，選擇權的價格與其履約日期之間是相關的。

假設某兩個相似的買權距離履約日期的時間不同，比方說是 t_1 與 t_2，且 $t_1 > t_2$。可以在任何一個時間點行使選擇權的期間增長並不會有任何的壞處，這只會增加行使選擇權的機會。所以，若是兩個相似的買權只有距離履約日期的時間不同，則距離履約日期時間較長之買權的價格應該大於或等於距離履約日期時間較短之買權的價格。對於賣權來說，履約日期對價格的影響與買權的情形是類似的。

因此，如果 $t_1 > t_2$，我們可以將上述討論的結果整理成下列的不等式：

$$C'\,(\mathrm{CP}, t_1, \mathrm{SP}) \geqq C'\,(\mathrm{CP}, t_2, \mathrm{SP})$$
$$P'\,(\mathrm{CP}, t_1, \mathrm{SP}) \geqq P'\,(\mathrm{CP}, t_2, \mathrm{SP})$$

如果上述的不等式不成立，則市場上會有機會從事低風險性的套利行為。我們可以買進距離履約日期時間較長的美式買權，同時賣出距離履約日期時間較短的美式買權，則不論市場未來的變化如何，我們都會在一開始就獲取 $C'\,(\mathrm{CP}, t_2, \mathrm{SP}) - P'\,(\mathrm{CP}, t_1, \mathrm{SP})$ 的利潤。對於美式賣權來說，情況與美式買權類似。

因為歐式買權與歐式賣權都必須在履約日期當天才可以行使，我們無法像美式買權或美式賣權一般從事套利的行為，因此上述的不等式對歐式買權與歐式賣權並不成立。

問題64　選擇權價格的上界為何？

我們先來討論選擇權投資標的物的現貨市場價格。選擇權投資標的物

的現貨市場價格可以視爲一項履約價格等於0且不限定履約日期的美式買權之價值。我們知道美式買權可以在履約日期之前的任何一個時間點行使。如果選擇權投資標的物的履約價格高於投資標的物的現貨市場價格，則美式買權的持有者將不會行使選擇權。若是選擇權投資標的物的履約價格等於0，則投資標的物的現貨市場價格（假設一定大於0）必定高於選擇權投資標的物的履約價格。因此，符合這個條件的買權一定會被行使。如果選擇權的履約日期沒有任何的限制，則選擇權可以在任何一個時間點被行使。沒有任何一位美式買權的賣方能用比該買權投資標的物現貨市場價格更高的履約價格賣出此一美式買權；沒有任何一位美式買權的買方能用比該買權投資標的物現貨市場價格更低的履約價格買到此一美式買權。這樣的美式買權必定以投資標的物的現貨市場價格成交，所以我們可以得到下列的等式：

$$C'\left(\mathrm{CP}, \infty, 0\right) = \mathrm{CP}$$

根據問題63的討論，我們知道履約價格較低或是距離履約日期時間較長的買權價值會比較高。針對任何履約價格SP大於0或是任何具有確切履約日期的買權來說，我們可以推論出下列的不等式：

$$C'\left(\mathrm{CP}, t, \mathrm{SP}\right) \leqq C'\left(\mathrm{CP}, \infty, 0\right)$$

美式買權的價格會大於或至少等於性質相似的歐式買權價格，我們將在問題66討論此一特性。而此一特性可以用以下的不等式表示：

$$C\left(\mathrm{CP}, t, \mathrm{SP}\right) \leqq C'\left(\mathrm{CP}, t, \mathrm{SP}\right)$$

將上列三個等式與不等式合併，我們可以得到以下的結果：

$$C\left(\text{CP}, t, \text{SP}\right) \leqq C'\left(\text{CP}, t, \text{SP}\right) \leqq C'\left(\text{CP}, \infty, 0\right) = \text{CP}$$

所以，選擇權投資標的物的現貨市場價格CP就是美式買權與歐式買權的價格上界。

當選擇權投資標的物的現貨市場價格等於0時，美式賣權的最大價值會產生，此一最大價值就等於選擇權投資標的物的履約價格。當選擇權投資標的物變得一文不值時，美式賣權的最大價值就等於其履約價格。當選擇權投資標的物的現貨市場價格大於0時，美式賣權的價值會小於或等於選擇權投資標的物的履約價格。我們可以推論出下列的不等式：

$$P'\left(\text{CP}, t, \text{SP}\right) \leqq \text{SP}$$

根據隨後要討論的問題66，美式賣權的價格會大於或至少等於性質相似的歐式賣權價格。而此一特性可以用以下的不等式表示：

$$P\left(\text{CP}, t, \text{SP}\right) \leqq P'\left(\text{CP}, t, \text{SP}\right)$$

將上列兩個不等式合併，我們可以得到以下的結果：

$$P\left(\text{CP}, t, \text{SP}\right) \leqq P'\left(\text{CP}, t, \text{SP}\right) \leqq \text{SP}$$

所以，選擇權投資標的物的現貨市場價格CP就是美式買權與歐式買權的價格上界；而選擇權投資標的物的履約價格SP就是美式賣權與歐式賣權的價格上界。

問題65 選擇權價格的下界為何？

因為選擇權的價格不可能為負值，所以選擇權的價值下界很明顯的就等於0。為了理解選擇權的價格不可能為負值的理由，我們先來看在何種情況下的投資標的物價格會是負值。當投資標的物價格是負值時，投資標的物的買方會因為此項交易行為而收到一筆金額。投資標的物價格是負值的狀態只有可能發生在持有此項投資標的物卻會造成損失的情況。

對於選擇權來說，我們已經知道選擇權的損失是受到限制的。如果我們以C的價格購買一項買權，而此項選擇權的履約結果並不是特別地吸引人，則我們沒有義務針對此一選擇權的購買價格再付出額外的金額。對於買權來說，我們知道若是買權投資標的物在履約時點的現貨市場價格PP小於履約價格SP，則此項買權的履約結果並不是特別地吸引人。

因為買權的買方不會再損失任何額外的金額，所以買權的價值永遠不可能為負值。同樣地，我們可以斷言賣權的價值也永遠不可能為負值。我們可以將上述的討論結果以下列不等式表示：

$$C\,(\mathrm{CP}_t, t, \mathrm{SP}) \geqq 0$$
$$P\,(\mathrm{CP}_t, t, \mathrm{SP}) \geqq 0$$
$$C'\,(\mathrm{CP}_t, t, \mathrm{SP}) \geqq 0$$
$$P'\,(\mathrm{CP}_t, t, \mathrm{SP}) \geqq 0$$

現在我們試著來看選擇權的價格是否可能有其它的下界。首先我們以歐式買權為例。歐式買權的價值必定大於或至少等於該買權投資標的物的現貨市場價格CP減去該買權履約價格SP的現值。我們可以用下列的不等式表示：

$$C\,(\mathrm{CP}, t, \mathrm{SP}) \geqq \mathrm{CP} - \mathrm{PV}_t\,(\mathrm{SP})$$

而此處的PV_t（SP）表示距離履約日期的時間等於t，且履約價格為SP的現值。

為了理解上述的推論，我們比較兩種在時間點T_0所構建之投資組合A的價值與投資組合B的價值。假設投資組合A包含一項歐式買權C（CP，t，SP）與一筆在時間點T_1到期且金額等於SP的無風險性零息債券，而投資組合B包含一項現貨市場價格等於CP的投資標的物。在履約日期時的投資標的物價格PP可能大於也可能小於選擇權的履約價格SP。根據這兩種情境，我們在**表65.1**分別列出在選擇權到期之時間點T_1這兩種投資組合的價值。

投資組合A在時間點T_1的最終價值必定大於或等於投資組合B的最終價值。因此，投資組合A在時間點T_0的初始價值必須大於或等於投資組合B的初始價值。我們可以用下列的不等式來表示這樣的關係：

$$C（CP，t，SP）+ PV_t（SP）\geqq CP$$

也可以改寫為：

$$C（CP，t，SP）\geqq CP - PV_t（SP）$$

表65.1

情境	在時間點T_0的價值	在時間點T_1的價值	
		PP $\leqq$ SP	PP $>$ SP
投資組合A	C(CP，t，SP)+ PV$_t$(SP)	0 + SP	(PP － SP)+ SP
投資組合B	CP	PP	PP
結果		$A > B$	$A = B$

根據以上的討論以及美式選擇權價值與歐式選擇權價值之間的關係，我們可以得到下列的不等式：

$$C'\,(\mathrm{CP}, t, \mathrm{SP}) \geqq C\,(\mathrm{CP}, t, \mathrm{SP}) \geqq \mathrm{CP} - \mathrm{PV}_t\,(\mathrm{SP})$$

買權投資標的物的現貨市場價格 CP 減去該買權履約價格 SP 在任何時間點 t 的現值就是買權的價格下界。

對於賣權來說，我們無法推導出賣權的價格下界。

問題66　歐式選擇權與美式選擇權的價格關係為何？

美式選擇權比起歐式選擇權提供了更多的彈性。美式選擇權的持有者可以在履約日期之前的任一時間點行使選擇權，因此相同履約價格、相同投資標的物的美式選擇權價格至少比歐式選擇權價格還要高。這是很明顯的事實，因為額外提供的權利價值一定不會是負值。所以歐式選擇權與美式選擇權的價格關係可以用下列不等式表示：

$$C'\,(\mathrm{CP}, t, \mathrm{SP}) \geqq C\,(\mathrm{CP}, t, \mathrm{SP})$$
$$P'\,(\mathrm{CP}, t, \mathrm{SP}) \geqq P\,(\mathrm{CP}, t, \mathrm{SP})$$

問題67　行使美式買權的時機為何？

因為美式選擇權可以在任何一個時間點行使，所以美式選擇權的價值必須大於或至少等於其真實價值，否則投資者可以藉由買進選擇權並且立即行使選擇權來套利。我們可以用下列的不等式表示以上的推論：

$$C'\,(\mathrm{CP}, t, \mathrm{SP}) \geqq \mathrm{CP} - \mathrm{SP}$$

根據問題65的討論，我們已經知道 $CP - PV_t(SP)$ 表示距離履約日期的時間等於 t 時美式買權的最低價值。然而，美式買權的價值必須大於或至少等於其真實價值 $(CP - SP)$。因為 SP 必然大於或等於 $PV_t(SP)$，所以 $CP - SP$ 一定小於或等於 $CP - PV_t(SP)$。

也就是說，除非在履約日期當天，否則美式買權的履約價值一定小於美式買權的未履約價值。所以尚未履約的美式買權必定比已經履約的美式買權更有價值。因此，美式買權源自於持續保有行使權利機會所帶來的額外權利並沒有任何價值，此種買權的價格應該與另一性質相似的歐式買權價格是相等的。所以我們可以得到下列令人難以相信的等式關係：

$$C'(CP, t, SP) = C(CP, t, SP)$$

美式買權的價格與另一性質相似的歐式買權價格是相等的！

然而，對於美式賣權來說，情況是不一樣的。美式賣權甚至可以在履約日期之前就被行使。

到目前為止，我們所有的討論結果只有在選擇權的投資標的物都沒有發放紅利的情況下才會成立。我們將在問題68與問題69就紅利的發放對於選擇權價值的影響有進一步的討論。

問題68　發放股利對於歐式選擇權的價格影響為何？

到目前為止，我們所討論的選擇權之投資標的物都沒有發放紅利。但是就某些投資標的物而言，比方說是股票，這一項假設在實際上不太可能。因此，當我們體認到股票股利的發放是一項不可避免的事實時，考量股利對於選擇權價格變動的影響是必要的。然而，為了簡化我們的討論，假設我們能夠事先知道股利的發放金額與發放的時間點。

對於歐式買權來說，因為歐式買權的持有者在履約日期之前都無法收

到股票所發放的股利，所以若是買權的投資標的物為會發放股利的股票，則此一買權的價格會比較低；而若是買權的投資標的物為不會發放股利的股票，則此一買權的價格會比較高。若是買權的投資標的物為會發放股利的股票，則此一買權的價值必定大於或至少等於投資標的物的股票價值減去該買權履約價格的現值，再減去所有在履約日期之前發放的股利之現值。如果 D 表示現在與履約日期之間所有發放的股利之現值，則我們可以推導出下列的不等式：

$$C\left(\mathrm{CP}, D, t, \mathrm{SP}\right) \geqq \mathrm{CP} - \mathrm{PV}_t\left(\mathrm{SP}\right) - D$$

現在我們將焦點轉移到歐式賣權。股利對於買權的價格有負面的影響；對於賣權來說，情況正好相反。因為賣權的持有者不需要支付任何股利發放的金額，所以賣權的持有者可以享有所有股利發放的好處。因此，我們可以斷言若是賣權的投資標的物為會發放股利的股票，則此一賣權的價格會比較高；而若是賣權的投資標的物為不會發放股利的股票，則此一賣權的價格會比較低。若是賣權的投資標的物為會發放股利的股票，則此一歐式賣權的價值必定大於或至少等於該賣權履約價格的現值加上所有在履約日期之前發放的股利之現值，再減去投資標的物的股票價值。如果 D 表示現在與履約日期之間所有發放的股利之現值，則我們可以推導出下列的不等式：

$$P\left(\mathrm{CP}, D, t, \mathrm{SP}\right) \geqq \mathrm{PV}_t\left(\mathrm{SP}\right) - \mathrm{CP} + D$$

問題69　發放股利對於美式選擇權的價格影響為何？

根據問題67的討論，我們已經知道尚未履約的美式買權必定比已經履約的美式買權更有價值。同時根據美式選擇權的價值必須大於或至少等於

其眞實價值的前提，我們可以推導出下列的不等式：

$$C'\,(\mathrm{CP},t\,,\mathrm{SP})\geqq\mathrm{CP}-\mathrm{SP}$$

但是先前我們已經說明上述不等式關係只有在選擇權的投資標的物不發放股利的情況才會成立。對於投資標的物會發放股利的選擇權來說，買權甚至可能在履約日期之前就已經被行使了。我們將試著找出美式買權會在履約日期之前就被提前行使的相關因素。我們直覺地會想到一個美式買權在履約日期之前就被提前行使的可能：藉由提前行使美式買權所能獲得的股利比起一筆用履約價格爲投資金額所能得到的獲利還要高。

因此，我們可以斷言對於所有在履約日期之前的任何一個時間點來說，若是提前行使美式買權且直到履約日期當天所能獲得的所有股票股利現值小於一筆用美式買權履約價格爲投資金額且直到履約日期當天所能得到的獲利現值，則投資標的物爲會發放股利的美式買權將不會在履約日期之前就被提前行使。一旦發放股利的現值大於一筆以履約價格爲投資金額的獲利現值時，美式買權就可能在履約日期之前被提前行使。

現在我們來討論美式賣權的情況。美式賣權的價值必定大於或至少等於歐式賣權的價值。且根據問題68的討論，我們已知發放股利對於歐式賣權的價格影響如下列不等式所示：

$$P\,(\mathrm{CP}\,,D\,,t\,,\mathrm{SP})\geqq\mathrm{PV}_t\,(\mathrm{SP})-\mathrm{CP}+D$$

所以我們可以將上述兩段論證合併爲下列的不等式關係：

$$P'\,(\mathrm{CP}\,,D\,,t\,,\mathrm{SP})\geqq P\,(\mathrm{CP}\,,D\,,t\,,\mathrm{SP})\geqq\mathrm{PV}_t\,(\mathrm{SP})-\mathrm{CP}+D$$

問題70　歐式選擇權的買權──賣權平價關係為何？

　　我們先來說明投資標的物不發放股利之歐式選擇權的買權──賣權平價關係，其關係如下列等式所示：

$$P\ (\mathrm{CP},t,\mathrm{SP})=C\ (\mathrm{CP},t,\mathrm{SP})-[\mathrm{CP}-\mathrm{PV}_t\ (\mathrm{SP})]$$

　　也就是說，賣權的價值等於相對應之買權的價值減去選擇權投資標的物的現貨市場價格與選擇權履約價格的現值之差異值。

　　現在我們來討論為何此一買權──賣權平價關係必須成立。為了證明買權──賣權平價關係，我們假設了兩種投資組合──投資組合A包含持有一項歐式賣權；投資組合B包含持有一項歐式買權、放空一單位選擇權投資標的物的股票、一筆在履約日期當天回收金額等於選擇權履約價格的投資。我們必須證明這兩種投資組合是相同的。如果這兩種投資組合是相同的，則不論任何的價格變動情境，這兩種投資組合在選擇權履約日期當天的報酬必須是相等的。在選擇權履約日期當天的投資組合情境如**表**70.1所示。

　　根據**表**70.1，我們可以看到不論任何的價格變動情境，持有賣權在選擇權履約日期當天的報酬與投資組合B在選擇權履約日期當天的報酬是相等的。為了避免套利的機會出現，這兩種投資組合在一開始的售價應該是相等的，所以上述的買權──賣權平價關係成立。

　　如果在金融市場上只有一種選擇權存在，比方說是買權，藉由運用買權──賣權平價關係，我們仍然可以創造出類似賣權的報酬結構。為了要複製一項賣權，我們可以買進並持有一項相對應的買權，放空一單位選擇權投資標的物的股票，且進行一筆在履約日期當天回收金額等於選擇權履約價格的投資。直覺上來說，我們可以相信買權──賣權平價關係的成立，因為賣權就像是把藉由有限放空股票部位所得的現金流入立即買進並

表70.1

情境	PP＜SP	PP≧SP
投資組合A		
持有賣權	（SP－PP）	（0）
投資組合B		
持有買權	0	PP－SP
買回放空的股票	－PP	－PP
投資回收SP	SP	SP
	（SP－PP）	（0）
結果	$A＝B$	$A＝B$

持有相對應的買權與進行一筆在履約日期當天回收金額等於選擇權履約價格的投資。買權——賣權平價關係非常有用，因為一旦我們知道某一買權的價值即可使用買權——賣權平價關係來評價其相對應賣權的價值。

現在我們來討論投資標的物會發放股利之歐式選擇權的買權——賣權平價關係。現在我們必須考慮到現金股利的發放會造成賣權價值的增加，也會造成相對應買權價值的減少。我們可以將賣權的價值以相對應買權的價值、選擇權投資標的物的現貨市場價格、選擇權履約價格的現值、與所有在履約日期之前發放股利之現值D的函數表示。此一買權——賣權平價關係如下列等式所示：

$$P（CP, D, t, SP）＝C（CP, D, t, SP）－［CP－PV_t（SP）－D］$$

為了避免任何無風險性的套利機會出現，所以上述的買權——賣權平價關係必須成立。

問題71 美式買權的價格與美式賣權的價格之間有何關係?

根據問題67的討論,我們已知投資標的物不發放股利的美式買權並不會在履約日期之前被行使,但是投資標的物不發放股利的美式賣權還是有可能在履約日期之前被行使。因此,我們可能無法就美式買權的價值以及與其「相對應」美式賣權的價值之間推導出平價的關係。事實上,我們會發現「相對應」一詞在此並不適當。在履約日期之前提早行使美式買權並不會產生額外的價值,因此美式買權不會在履約日期之前就被行使。所以美式買權的評價就如同歐式買權的評價一般。另一方面,在履約日期之前提早行使美式賣權會產生額外的價值,因此美式賣權有可能在履約日期之前就被行使。所以,想要藉由一個包含美式買權與無風險性債券的投資組合來精確地複製美式賣權是不可能的。因此,我們只能針對美式買(賣)權推導出其性質「相似」之美式賣(買)權的價值上界與下界。

我們先來說明投資標的物不發放股利之美式選擇權的買權——賣權平價關係。美式賣權的價值不可能超過其性質「相似」之美式買權的價值加上選擇權履約價格與選擇權投資標的物的現貨市場價格之差異值。以上所述的關係如下列不等式所示:

$$P'\,(\text{CP},\,t\,,\text{SP})\leqq C'\,(\text{CP},\,t\,,\text{SP})+[\,\text{SP}-\text{CP}\,]$$

美式賣權的價值上界如上列不等式所示。美式賣權的價值下界等於其性質「相似」之美式買權的價值加上選擇權履約價格的現值與選擇權投資標的物的現貨市場價格之差異值。以上所述的關係如下列不等式所示:

$$P'\,(\text{CP},\,t\,,\text{SP})\geqq C'\,(\text{CP},\,t\,,\text{SP})+[\,\text{PV}_t\,(\text{SP})-\text{CP}\,]$$

既然我們已經可以用性質「相似」之美式買權的價值來表示美式賣權

的價值上界與下界，我們開始來討論這些價值上界與下界必須成立的原因為何。藉由假設價值上界的條件不成立，我們首先必須證明美式賣權之價值上界的效度，同時我們來觀察無風險性的套利機會是否存在。

若是價值上界的條件不成立，也就是說 P'（CP, t，SP）$>C'$（CP, t，SP）$+$〔SP$-$CP〕，我們可以立即發現無風險性的套利機會。藉由賣出美式賣權、買進美式買權、放空選擇權投資標的物的股票、以及購買一筆金額等於SP的債券，我們可以立即實現一筆獲利。在履約日期當天，我們可以買進美式賣權、賣出美式買權、買回選擇權投資標的物的股票、以及贖回債券並得到一筆價值等於SP在履約日期當天終值的金額FV_t（SP）。

在履約日期當天的各種情境如**表71.1**所示：

在履約日期當天不論任何的價格變動情境，我們都可以獲取一開始的套利所得。這樣的無風險性套利機會在金融市場上是不太可能發生的。也就是說，我們對於價值上界之條件不成立的假設是不正確的。

同樣地，我們可以用類似的方式來證明價值下界的關係。這些證明過程的根本假設是金融市場的價格機制會以不存在任何無風險性套利機會的方式來決定均衡價格。若是價值下界的條件不成立，我們可以立即發現無風險性的套利機會。藉由買進美式賣權、賣出美式買權、購買選擇權投資標的物的股票、以及借入一筆金額等於選擇權履約價格SP現值的貸款，我

表71.1

情境	PP＜SP	PP≧SP
賣出賣權	$-$（SP$-$PP）	0
買進買權	0	PP$-$SP
買回放空的股票	$-$PP	$-$PP
贖回債券的金額	FV_t（SP）	FV_t（SP）
報酬	FV_t（SP）$-$SP	FV_t（SP）$-$SP

們可以立即實現一筆獲利。雖然以上的推論過程可以產生無風險性的獲利，但是這樣的無風險性套利機會在金融市場上也是不太可能發生的。也就是說，我們對於價值下界之條件的假設是成立的。

結合價值上界與下界兩個條件，我們可以得到投資標的物不發放股利之美式選擇權的買權——賣權平價關係，其關係如下列等式所示：

$$C'(CP, t, SP) + [SP - CP] \geq P'(CP, t, SP)$$
$$\geq C'(CP, t, SP) + [PV_t(SP) - CP]$$

根據相同的觀念將以上的不等式加以延伸，我們可以得到投資標的物會發放股利之美式選擇權的買權——賣權平價關係，其關係如下列等式所示：

$$C'(CP, D, t, SP) + [SP - CP + D] \geq P'(CP, D, t, SP)$$
$$\geq C'(CP, D, t, SP) + [PV_t(SP) - CP]$$

我們可以發現到歐式選擇權的買權——賣權平價關係較為精確，因為賣（買）權的價格可以藉由已知買（賣）權的價格而精確地計算出來。然而，美式選擇權的買權——賣權平價關係就只能提供買權——賣權價格關係的上界與下界。

問題72　計算選擇權之價值的基本假設為何？

在討論基本假設之前，我們先來看如何複製投資組合。藉由調整投資於某公司股票的金額與放空債券的金額，我們可以複製某一投資標的物為某公司股票之歐式買權在履約日期的報酬結構。我們可以藉由以下的例子來理解複製投資組合的方法。

假設某一股票目前在市場上的價值為$32，且面值等於$100之無風險性零息債券的價格等於$90.90。同時，我們也假設履約價格等於$30之買權的價格為$4.73。此外，我們更進一步假設此一股票在履約日期當天的股價只可能等於$30或是等於$33。

我們所要考量的是以下兩個投資組合在履約日期當天的報酬：

- 持有一單位買權（投資組合A）
- 持有一單位股票與放空0.3單位債券（投資組合B）

根據此一股票在履約日期當天的股價只可能等於$30或是等於$33的基本假設，我們可以分別算出這兩種投資組合的報酬，其結果如**表**72.1所示。

不論投資標的股票在履約日期當天的股價等於$30或是等於$33，複製而得之投資組合B的報酬與包含一單位買權之投資組合A的報酬相等。若是兩種投資組合的報酬結構相等，則此一買權現在的價格應該等於複製而得之投資組合B的價值。我們可以藉由以下的計算過程來證明這兩種投資組合是相等的：

$$一單位買權的現值 = \$4.73$$
$$投資組合B的現值 = 32 - 90.90 \times 0.3$$
$$= \$4.73$$

因為此一選擇權與所複製之投資組合的評價是相等的，所以無風險性的套利機會並不存在。以上的例子說明我們可以藉由調整投資於某公司股票的金額與放空債券的金額，來複製投資標的物為某公司股票之歐式買權在履約日期的報酬結構。在這個例子，所投資的股票為一單位，而所放空的債券為0.3單位。如果我們以N表示所投資股票的單位數，而以M表示所

表72.1

情境	PP = 33	PP = 30
投資組合A		
持有一單位買權	（3）	（0）
投資組合B		
持有一單位股票	33	30
買回0.3單位價格爲$100的債券	-100×0.3	-100×0.3
	（3）	（0）

放空債券的單位數，則$N=1$且$M=0.3$。然而，我們如何決定N與M的數值該等於多少？假使我們可以感受到此一股票價格的變動趨勢，則我們或許可以推敲出N與M的數值大小。因此，針對該股票價格的分配擬定一些基本假設是必須的。根據我們針對該股票價格的分配所擬定的基本假設，我們有兩種評價選擇權的方法——二項分配選擇權評價公式與Black-Scholes選擇權評價公式。我們將在問題73與問題74分別針對此二種方法加以討論。

除了針對股票價格的分配型式擬定基本假設以外，我們同時也針對市場結構與利率擬定一些假設：

a. 關於市場結構，我們假設市場爲完全競爭市場。同時我們假設交易成本與稅賦並不列入考量。此外，我們更進一步假設市場內所有的參與者都是理性的。

b. 關於利率，我們假設無風險性利率在我們所考量的期間內都維持在某一常數。

問題73　如何使用二項分配選擇權評價公式？

　　根據問題72的討論，若是我們針對某一選擇權之投資標的物在現貨市場的價格分配型式擬定基本假設，則我們可以有兩種評價此一選擇權的方法。其中一種選擇權評價公式的推導過程是根據投資標的物在現貨市場的價格分配型式為二項分配的假設。根據此一假設所推導出來的模型稱為**二項分配選擇權評價模型**（*Binomial Option Pricing Model*, BOPM）。二項分配選擇權評價模型的公式如下所示：

$$C = \mathrm{CP} \times B\,[n,a,b] - \mathrm{SP} \times R^{-n} \times B\,[n,a,p]$$

　　其中符號所代表的意義為：

C	選擇權的價值
CP	選擇權之投資標的物在現貨市場的價格
SP	選擇權的履約價格
n	選擇權距離履約日期所剩的期數
R	金融市場上無風險性的利率乘數
$B\,[n,a,p]$	已知選擇權之投資標的物在現貨市場的價格每一期的上漲機率等於p的情況下，此一投資標的物在總共n個期數之內至少上漲a個期數的機率
$B\,[n,a,b]$	已知選擇權之投資標的物每一期在現貨市場的價格會上漲超過履約價格SP之機率等於b的情況下（$b = pu\,/\,R$），此一投資標的物在總共n個期數之內至少上漲a個期數，且第n期末投資標的物在現貨市場的價格大於選擇權履約價格SP的機率
a	a為滿足$a > \ln\,(\mathrm{SP}\,/\,\mathrm{CP} \times d^{n})\,/\,\ln\,(u\,/\,d)$的最小整數值
u	選擇權之投資標的物在現貨市場每一期的價格上漲百分比

d 選擇權之投資標的物在現貨市場每一期的價格下跌百分比

藉由以下的例子，我們來理解二項分配選擇權評價模型。假設某一歐式買權及其投資標的物相關的資料如下所示：

$$CP = \$40$$
$$SP = \$38$$
距離履約日期的期數（t）＝2期
無風險性的利率等於10％，所以無風險性的利率乘數 $R = 1.1$

如果選擇權之投資標的物現在的價格等於$1，則在一期之後該投資標的物的價格可能等於$1.15（$u = 1.15$）或是等於$0.95（$d = 0.95$）。

為了應用二項分配選擇權評價公式，我們必須遵循以下的計算步驟：

步驟一

計算機率 p。

$$
\begin{aligned}
p &= (R - d) \ / \ (u - d) \\
&= (1.1 - 0.95) \ / \ (1.15 - 0.95) \\
&= 1.5 \ / \ 2.0 \\
&= 0.75 \\
1 - p &= 0.25
\end{aligned}
$$

步驟二

計算機率 b。

$$b = pu \ / \ R$$
$$= 0.75 \times 1.15 \ / \ 1.1$$
$$= 0.784$$
$$1 - b = 0.216$$

步驟三

求出 a 值。

$$a > \ln \ (\mathrm{SP} \ / \ \mathrm{CP} \times d^n) \ / \ \ln \ (u \ / \ d)$$
$$\ln \ (38 \ / \ 40 \times 0.95^2) \ / \ \ln \ (1.15 \ / \ 0.95)$$
或 $\qquad a > 0.267$

因為 a 必須為滿足 $a > 0.267$ 的最小整數值，所以 $a = 1$。

步驟四

查出二項分配機率。

$$B \ [n,a,b] = B \ [2,1,0.784] = 0.9534$$
$$B \ [n,a,p] = B \ [2,1,0.75] = 0.9375$$

在此我們不解釋如何查出二項分配累積機率的步驟。我們將在問題80
針對如何求出二項分配的機率有進一步的說明。在得到二項分配的機率之
後，我們將相關的機率加總起來得到累積的機率。

步驟五

應用二項分配選擇權評價公式。

$$C = CP \times B\,[n,a,b] - SP \times R^{-n} \times B\,[n,a,p]$$
$$= 40 \times 0.9534 - 38 \times 1.1^{-2} \times 0.9375$$
$$= 8.692$$

一旦我們經由計算得知買權的價值，就可以利用買權——賣權平價關係來求得賣權的價值。

問題74　如何使用Black-Scholes選擇權評價公式？

根據問題73的討論，我們已知二項分配選擇權評價模型的推導過程是根據投資標的物在現貨市場的價格分配型式為二項分配的假設。現在我們要來討論另一種選擇權評價模型——Black-Scholes選擇權評價模型（BSOPM）。Black-Scholes選擇權評價模型的推導過程是根據投資標的物在現貨市場的價格分配型式為常態分配的假設。 Black-Scholes選擇權評價模型的公式如下所示：

$$C = CP \times N\,(d_1) - SP \times e^{-rt} \times N\,(d_2)$$

其中符號所代表的意義為：

$$d_1 = \frac{\ln\,(CP/SPe^{-rt})}{\sigma\sqrt{t}} + (1/2)\,\sigma\sqrt{t}$$
$$d_2 = d_1 - \sigma\sqrt{t}$$

CP＝選擇權之投資標的物在現貨市場的價格

SP＝選擇權的履約價格

t＝距離履約日期的時間

r＝金融市場上無風險性的利率

σ＝選擇權之投資標的物的風險性

N（.）表示常態分配的機率

藉由以下的例子，我們來理解如何運用Black-Scholes選擇權評價模型。假設某一歐式買權及其投資標的物相關的資料如下所示：

CP＝$38

SP＝$35

距離履約日期的時間t＝4個月或0.333年

無風險性的利率r＝5％

選擇權之投資標的物的風險性σ＝0.3

下列的計算步驟幫助我們應用Black-Scholes選擇權評價公式計算選擇權的價值：

步驟一

計算d_1。

$$d_1 = \frac{\ln(CP/SPe^{-rt})}{\sigma\sqrt{t}} + (1/2)\,\sigma\sqrt{t}$$

$$= \frac{\ln(38/35e^{-0.05 \times 0.333})}{0.3\sqrt{0.333}} + 0.5 \times 0.3 \times \sqrt{0.333}$$

$$= 0.657654$$

步驟二

計算 d_2。

$$d_2 = d_1 - \sigma\sqrt{t}$$
$$= 0.657654 - 0.3\sqrt{0.333}$$
$$= 0.48445$$

步驟三

查出常態分配機率。

$$N\,(d_1) = N\,(0.657654) = 0.74462$$
$$N\,(d_2) = N\,(0.48445) = 0.68597$$

步驟四

應用 Black-Scholes 選擇權評價公式。

$$C = CP \times N\,(d_1) - SP \times e^{-rt} \times N\,(d_2)$$
$$= 38 \times N\,(0.657654) - 35 \times e^{-0.05 \times 0.333} \times N\,(0.48445)$$
$$= 38 \times 0.74462 - 35 \times 0.983488 \times 0.68597$$
$$= 4.68$$

一旦我們經由計算得知買權的價值，就可以利用買權——賣權平價關係來求得賣權的價值。Black-Scholes 選擇權評價公式是一種廣泛使用的評價公式。

應　用

問題75　認股權證如何評價？

　　認購權證是一項在特定時間內以事先預定的價格購買某一公司特定數量股票的權利，但不是義務。認股權證通常是公司在發行主要舉債財務工具（比方說是公司債、優先股）時，為了使主要舉債財務工具對投資者看來更具吸引力所附加的發行工具。

　　因為認股權證賦予其持有者在特定時間內以事先預定的價格購買公司特定數量股票的權利，而不是義務，所以認股權證就像買權一般。一般來說，買權是由獨立的選擇權發行公司所發行；而認股權證是由發行優先股或公司債的公司所發行。

　　認股權證通常在某一特定日期到期，一般可以與所伴隨發行的優先股或公司債分開處理。這些可分離處理的認股權證可以在金融市場上獨立交易。

　　認股權證與選擇權在許多方面非常類似。認股權證持有者可以用事先預定的價格購買股票，這與選擇權的履約價格非常類似。假使認股權證的標的股票在市場上的價格比起認股權證事先預定的價格還要高，則認股權證持有者將會運用其被賦予的權利購買認股權證的標的股票。因此，認股權證的評價與買權的評價相當類似。

　　我們可以使用Black-Scholes選擇權評價公式來評價認股權證。只有在認股權證事先預定的價格比起認股權證的標的股票在市場上的價格還要低時，認股權證持有者才會運用其被賦予的權利以事先預定的價格（履約價格）購買認股權證的標的股票。

　　影響認股權證評價的因素與影響買權評價的因素是相同的：

- 股票價格
- 履約價格
- 權利到期日
- 無風險性利率
- 股票價格的變異性

藉由以下的簡單例子，我們來理解如何將Black-Scholes選擇權評價模型運用到認股權證的評價。

假設某一股本為$50,000,000（面額$10的股票共5,000,000股）的公司伴隨著公司債的發行而附加發行了1,000,000單位的認股權證。每一單位的認股權證賦予其持有者在一年後以$50的價格購買該公司股票一股的權利。現在該公司股票在市場上的價格為每股$60。我們假設無風險性的利率等於7%，且該股票價格的變異性，即是其標準差等於0.5。

所有在Black-Scholes選擇權評價模型所需用到的參數值如下所示：

$$CP = \$60$$

$$SP = \$50$$

距離權利到期日 $t = 1$ 年

無風險性的利率 $r = 7\%$

股票價格的變異性 $\sigma = 0.5$

既然已經得知所有運用Black-Scholes選擇權評價模型所需的參數值，我們就可以像問題74在評價選擇權一般，使用公式計算求得認股權證的價值。我們將在問題99說明如何使用工作表來執行計算的程序。

問題76　股價稀釋作用對於認股權證價值的影響？

　　根據問題75的討論，我們只有考慮到Black-Scholes選擇權評價模型在評價認股權證的應用程度，而忽略了股價稀釋作用對於認股權證價值的影響。現在我們要來討論這個議題。

　　在開始進一步的分析之前，我們先來理解選擇權與認股權證之間的差異。若是選擇權持有者行使一項買權，則此一買權之投資標的股票在市場上流通的數量並沒有受到任何影響。如果選擇權被行使，選擇權這一種衍生性金融工具並不會對於投資標的股票的數量有任何的影響。但是對於認股權證來說，情況就變得不一樣。若是認股權證持有者行使其購買標的股票的權利，則此一標的股票在市場上流通的數量會增加。

　　根據問題75的例子，在認股權證發行之初，該標的股票在市場上流通的數量為5,000,000單位。若是所有認股權證持有者都行使其所被賦予的權利，則會額外增加1,000,000單位之標的股票，該標的股票在市場上流通的數量變為6,000,000單位。因為新增加的1,000,000單位股票每一股售價等於$50，所以此一公司的資產總值會增加$50,000,000。

　　然而，並不是所有的認股權證持有者都會行使其所被賦予的權利來購買股票。假設p等於認股權證持有者會在權利到期日t之前行使其所被賦予以事先預定價格SP購買標的股票之權利的比例。同時，我們假設CP為標的股票現在的市場價格。如果N與V分別表示認股權證在行使權利前的股票市場流通股數與流通股票總值，則認股權證在行使權利後的股票市場流通股數與流通股票總值如表76.1所示。

　　在認股權證的權利到期日當天，認股權證持有者可以選擇行使其所被賦予的權利並購買標的股票，也可以就此放棄讓認股權證的權利作廢。因此，在權利到期日當天的認股權證價值如下列等式所示：

$$= \text{Max}〔行使權利之後的股票價值-履約價格,0〕$$

$$= \text{Max}〔\frac{(V+N\times p\times \text{SP})}{(N+N\times p)} - \text{SP},0〕$$

$$= \text{Max}〔\frac{(V+N\times p\times \text{SP}-N\times \text{SP}-N\times p\times \text{SP})}{(N+N\times p)},0〕$$

$$= \text{Max}〔\frac{(V/N-\text{SP})\,N}{(1+p)\,N},0〕$$

$$= \frac{1}{1+p}\,\text{Max}〔\frac{V}{N}-\text{SP},0〕$$

表76.1

情境	行使權利前	行使權利後
股票數量	N	$N+N\times p$
股票總值	V	$V+N\times p\times \text{SP}$
每股價值	V/N（$=\text{CP}$）	$(V+N\times p\times \text{SP})/(N+N\times p)$

我們已知$\text{Max}〔V/N-\text{SP},0〕$等於某一標的股票現在股價為$V/N$的買權之價值。認股權證的價值等於$1/(1+p)$乘以此一標的股票現在股價為$V/N$且無任何該股票認股權證流通之買權的價值。

根據我們的例子,若是在1,000,000名合格的認股權證持有者中有500,000名決定行使其所被賦予的權利,則p等於$1/2$。認股權證的價值將會是:

$$\frac{1}{1+1/2}\times 選擇權的價值$$

$$2/3\times 選擇權的價值$$

認股權證的價值必須根據 p 值的大小而定。p 值越高,則認股權證的價值越低。

問題77　可轉換公司債如何評價?

可轉換公司債是一種可以在某一特定期間的期末轉換為股票的公司債。轉換可以是強制性的,也可以是選擇性的。對於強制性的可轉換公司債來說,公司債的持有者並沒有選擇轉換與否的權利。對於選擇性的可轉換公司債來說,公司債的持有者可以選擇將公司債轉換為股票,也可以選擇繼續持有公司債直到最後到期時贖回債券。不論是強制性的可轉換公司債還是選擇性的可轉換公司債,轉換的比例可以是全部轉換或是部分轉換。因此,可轉換公司債也可以分為全部可轉換公司債(fully-convertible debenture)與部分可轉換公司債(partially-convertible debenture)。

我們先來討論強制性可轉換公司債的評價,這一種可轉換公司債的持有者並沒有任何有關轉換的選擇權利。不論是強制性全部可轉換公司債或是強制性部分可轉換公司債,在某一特定期間的期末都會以事先預定的轉換價格自動轉換為股票。如果轉換的比例是部分轉換,則剩餘未轉換部分的可轉換公司債將會被持有直到最後到期時贖回,這一部份剩餘未轉換的可轉換公司債將會繼續收到票面利息直到最後到期時贖回債券。

可轉換公司債有下列四種可收到的金額我們必須考慮:

a. 轉換日期之前可轉換公司債所收到的票面利息

b. 轉換日期當天轉換部分可轉換公司債所收到的股票

c. 剩餘未轉換部分的可轉換公司債直到最後到期時贖回債券所收到的票面利息

d. 剩餘未轉換部分的可轉換公司債直到最後到期時贖回債券所收到的贖回面值金額

為了計算出可轉換公司債的價值，我們必須決定上列四種可收到金額的現值。我們知道可轉換公司債所能收到的票面利息與贖回面值金額，但是我們不知道在轉換日期當天轉換部分可轉換公司債所收到的股票價值是多少。

　　假設某一可轉換公司債在發行當天的面值等於$100，票面利率為12％，票面利息每半年支付一次。在第18個月末，可轉換公司債的持有者轉換部分的公司債，並取得當天每股市場價值為$20的股票2股。在轉換之後所剩餘的可轉換公司債面值為$60，這一部份的可轉換公司債在六年之後將會被贖回。假設金融市場上的折現率為14％。

1. 轉換日期之前可轉換公司債所收到票面利息的現值：

$$\sum_{i=1}^{3} \frac{100 \times 0.5 \times 0.12}{(1.07)^{i}}$$

2. 轉換日期與可轉換公司債到期日之間所收到票面利息的現值：

$$\sum_{i=4}^{12} \frac{60 \times 0.5 \times 0.12}{(1.07)^{i}}$$

　　上列算式所求出的數值是轉換日期當天的現值。此一數值仍須乘以$1/(1.07)^{3}$才能得到今日的現值。

3. 剩餘未轉換部分的可轉換公司債在最後到期日所收到的贖回金額現值：

$$\frac{60}{(1.07)^{12}}$$

與可轉換公司債的票面利息或面值不同，我們並不知道在轉換日期當天所轉換股票的價值是多少。我們必須針對在轉換日期當天所轉換股票價值做一些假設。有時我們可以運用統計的工具來估計未來某一時間點的股票價值。或者我們可以假設在18個月後的股票價格為PP。

4. 轉換日期當天轉換部分可轉換公司債所收到股票的現值：

$$\frac{2PP}{(1.07)^3}$$

將以上四個部分的現值加總我們可以求得可轉換公司債的價值。根據以上的例子，我們所討論的是部分可轉換公司債。對於全部可轉換公司債來說，上面所討論的第二項現值與第三項現值可以省略不列入考慮。

問題78　選擇性的可轉換公司債如何評價？

選擇性可轉換公司債的價值可以區分為三個部分的價值——單純公司債的價值、轉換的價值、選擇性的價值。

可轉換公司債中單純公司債的價值等於可轉換公司債所收到票面利息的現值與贖回面值金額的現值，但是其先決條件是此一可轉換公司債一直維持公司債的性質，並未被轉換為股票。如果可轉換公司債的持有者選擇將公司債轉換為股票，則轉換的價值等於可轉換公司債的價值。當然，選擇性的價值就是具有選擇轉換與否權利的價值。

藉由以下的例子，我們分別來討論這三種價值。假設某公司發行贖回日期在六年後且面值等於$100的可轉換公司債，票面利率為12％，票面利息每年支付一次。可轉換公司債的持有者可以在第二年末選擇將一單位的公司債轉換為每股轉換價格為$25的股票4股。我們來看如何計算可轉換公司債的單純公司債價值、轉換價值、選擇性價值。

單純公司債的價值等於可轉換公司債所收到票面利息的現值與贖回面值金額的現值。假設金融市場上的折現率為14％，則單純公司債的價值可以藉由下列算式求得：

$$\sum_{i=1}^{6} \frac{12}{(1+0.14)^i} + \frac{100}{(1+0.14)^6}$$

轉換的價值必須根據轉換日期當天的股票價值而定。根據上述的例子，一單位的可轉換公司債可以轉換為四單位的股票。如果在轉換日期當天的每股股票價值等於$30，則轉換的價值將等於$120（$30×4）的現值加上已經收到票面利息的現值。

$$\sum_{i=1}^{2} \frac{12}{(1+0.14)^i} + \frac{120}{(1+0.14)^2}$$

轉換日期當天的每股股票價值等於$30是我們的假設。就如同我們先前在問題77所提過，這個股票價值可以是根據統計技術所得到的估計值，或者只是一個單純的假設。

可轉換公司債的價值不可能小於單純公司債的價值或是小於轉換的價值。可轉換公司債的價值必須大於或者至少等於單純公司債價值與轉換價值之間的最大值──max〔單純公司債的價值，轉換的價值〕。這只是一個根據單純公司債的價值與轉換的價值所產生的可轉換公司債價值下界。除此之外，還有其它的價值必須納入考量──選擇性的價值。

選擇性的價值是因為可轉換公司債的持有者具有選擇轉換與否的權利而產生。可轉換公司債的持有者只有在轉換日期當天的股價大於轉換價格的情況下才會選擇將公司債轉換為股票。根據上述的例子，轉換價格等於

$25。如果在轉換日期當天的股價大於$25，則可轉換公司債的持有者會選擇將公司債轉換為股票。可轉換公司債持有者所面對的情境與買權持有者所面對的情境非常的類似。此處的選擇權之投資標的物在現貨市場的價格CP對應到可轉換公司債在評價時股票的市場價格；選擇權的履約價格SP對應到可轉換公司債的轉換價格；選擇權距離履約日期的時間t對應到可轉換公司債距離轉換日期的時間。藉由衡量股票價格的標準差 σ，我們可以得到可轉換公司債的風險性。此外，我們能找到無風險性利率的資料。

因此，我們可以應用Black-Scholes選擇權評價模型來計算可轉換公司債的選擇性價值。

根據單純公司債的價值、轉換的價值、選擇性的價值，我們可以藉由下列的算式得到可轉換公司債的價值：

$$\text{Max} \left[單純公司債的價值, 轉換的價值 \right] + 選擇性的價值$$

我們將在問題100說明如何使用工作表來執行計算的程序。

數量基礎

問題79　二項分配為何？

我們來看某次賭博的例子，賭博的規則如下：

a. 玩家P一開始持有$100。

b. 硬幣投擲三次。

c. 硬幣投擲後若顯示

- 正面：P賺到其持有金額的5％

- 反面：P賠出其持有金額的10％

在經過三次投擲之後，玩家P所持有的金額W該等於多少？W值的多寡必須視三次投擲的結果而定。W值是一個變數，我們無法事先就精確地預測出W值，但是我們可以知道所有可能W值的發生機率。根據問題37的討論，具有這些性質的變數稱為隨機變數。

玩家P一開始持有\$100。在硬幣投擲第一次之後，根據硬幣的出象是正面或反面，玩家P所持有的金額W變成等於100×1.05或是100×0.90。當然我們事先不會知道硬幣的出象是正面或反面，但是我們可以用機率來表示硬幣的出象是正面或反面的次數。因為我們沒有理由相信硬幣投擲的結果會明顯地出現較多次的正面或是較多次的反面，所以我們可以認定硬幣投擲後出現正面的機率與出現反面的機率是相等的。因此，我們將硬幣的出象是正面的機率與硬幣的出象是反面的機率都設定為1／2。在每一次硬幣投擲之後，玩家P所持有的金額有1／2的機率會增加5％，也有1／2的機率會減少10％。

圖79.1描述了硬幣投擲之前、硬幣投擲一次之後、硬幣投擲二次之後、硬幣投擲三次之後的隨機變數W值。

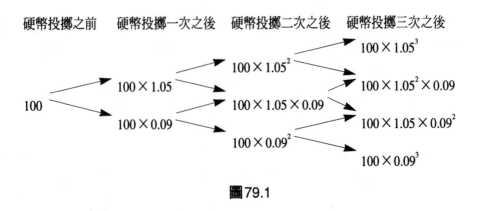

硬幣投擲之前	硬幣投擲一次之後	硬幣投擲二次之後	硬幣投擲三次之後

100

100×1.05

100×0.09

100×1.05^2

$100 \times 1.05 \times 0.09$

100×0.09^2

100×1.05^3

$100 \times 1.05^2 \times 0.09$

$100 \times 1.05 \times 0.09^2$

100×0.09^3

圖79.1

隨機變數W值一開始等於100，在硬幣投擲第一次之後，根據硬幣的出象是正面（H）或反面（T），隨機變數W值變成等於105或是90。在硬幣投擲第二次之後的隨機變數W值必須根據前兩次硬幣投擲的出象而定，而前兩次硬幣投擲的出象可能是正面—正面（HH）、正面—反面（HT）、反面—正面（TH）、反面—反面（TT）。如果前兩次硬幣投擲的出象是正面—正面（HH），則隨機變數W值會變成100的1.05^2倍；如果前兩次硬幣投擲的出象是反面—反面（TT），則隨機變數W值會變成100的0.9^2倍；如果前兩次硬幣投擲的出象是正面—反面（HT）或是反面—正面（TH），則隨機變數W值會變成100的1.05×0.90倍。

在硬幣投擲第三次之後的隨機變數W值可以很簡單地藉由延伸前述的方法來求得，隨機變數W值變為下列四個可能值的其中之一：100×1.05^3、$100 \times 1.05^2 \times 0.90$、$100 \times 1.05 \times 0.90^2$、$100 \times 0.90^3$。但更重要的問題是這四個可能隨機變數值$W$的機率各是多少？這些可能隨機變數$W$值的機率必須根據硬幣投擲後出現正面或反面的出象而定，可能的出象包括了HHH、HHT、HTH、HTT、THH、THT、TTH、TTT。

可能隨機變數W值的機率會根據硬幣投擲後出現正面（H）的次數而定。若投擲硬幣N次之後，出現正面的次數等於n，則起始隨機變數值會增加5％共n次，且減少10％共（$N-n$）次。所以我們的重點是求出硬幣投擲N次之後，出現n次正面的機率。硬幣出現正面的次數n可以是從0到N之間的任何一個整數。如果我們知道n等於從0到N之間任何一個整數時的個別機率，我們就可以求出在投擲硬幣N次之後，所有可能隨機變數W值的個別機率。

我們可以推導出某一隨機變數的所有可能值之個別機率。某一隨機變數的所有可能值之個別機率代表此一隨機變數的機率密度函數（probability density function）。如果我們知道某一隨機變數的機率密度函數，我們就可以推導出該隨機變數的一些統計值，像是平均數、標準差……等等。也就

是說，我們應該要知道隨機變數 W 的機率密度函數（p.d.f.）。然而，我們如何得到隨機變數的機率密度函數？

根據下列規則所進行的一連串試行（trial）稱為**白努力試行**（Bernoulli trials）：

a. 每一次試行的結果是兩個可能結果的其中之一，比方說是成功或是失敗。如果成功的機率等於 p，則失敗的機率等於（$1-p$）。

b. 每一次試行的結果與所有以前試行的結果都無關。

在進行一定數量的試行之後，兩個可能試行結果其中之一的發生次數（比方說是成功的發生次數）是隨機變數。此一隨機變數（即是一連串白努力試行的成功發生次數）的分配稱為**二項分配**（*binomial distribution*）。我們在本書不討論二項分配之機率密度函數的數學推導過程，但是隨機變數 X 二項分配的機率密度函數如下列公式所示：

$$p = (X = n) = \frac{N!}{(N-n)!\,n!}\, p^{n}(1-p)^{(N-n)}$$

其中符號所代表的意義為：

N 試行的次數

n 成功的次數

p 成功的機率

$n!$ 階乘（代表 $1 \times 2 \times \ldots\ldots n$）

現在我們可以清楚地理解問題73根據二項分配特性所推導出的二項分配選擇權評價模型。股票價格的上漲或是下跌各有一定的機率。我們對於經過一定次數上下震盪之後的股票價格非常感興趣。若是我們假設股票價

格的上下震盪會遵循二項分配，則我們可以應用問題73的二項分配選擇權評價模型。

問題80　如何求出二項分配的機率？

當我們討論機率時，我們所考量的機率有兩種。一種是隨機變數等於某一特定數值的機率；另一種是隨機變數小於或等於某一特定數值的機率，這一種機率稱為**累積機率**（*cumulative probabilities*）。

我們使用一個簡單的例子來看如何計算二項分配的機率。假設某一試行成功的機率等於0.6，失敗的機率等於0.4。我們如何求出在八次試行之中有三次成功試行的機率？

我們已知$N=8$、$n=3$、$p=0.6$，且二項分配隨機變數的機率密度函數如下列公式所示：

$$p=(X=n)=\frac{N!}{(N-n)!\,n!}\,p^{n}(1-p)^{(N-n)}$$

將參數值代入公式中

$$
\begin{aligned}
p=(X=3)&=\frac{8!}{(8-3)!\,3!}\,0.6^{3}(1-0.6)^{(8-3)} \\
&=\frac{40{,}320}{120\times6}\times0.0216\times0.01024 \\
&=0.12386
\end{aligned}
$$

我們已求出八次試行之中正好有三次成功試行的機率。假使我們想要求出在八次試行之中至少有三次成功試行的機率，則我們必須分別求出在八次試行之中有三次、四次、五次、六次、七次、八次成功試行的機率，

然後再將這些所求出的機率加總以得到累積機率。

問題81　常態分配為何？

　　根據隨機變數的數值分佈狀態，我們可以得到隨機變數的分配函數。任意以某一隨機變數為例，比方說是一天之內某一條路上發生車禍的次數，這一個變數的數值可以是0、1、2……。理論上，一天之內某一條路上發生車禍的次數是沒有上限的。現在我們來看這些隨機變數值的可能發生機率。就現實生活來說，一天之內某一條路上發生一次、二次、或是三次車禍的機率比起發生一百次、或是一百五十次車禍的機率還要高得多。事實上，我們也許會注意到一天之內某一條路上沒有發生車禍的機率可能很低；然後隨著發生車禍的次數慢慢增加到三次或四次（與當地的交通狀況有關），機率也會慢慢地增加；可是如果發生車禍的次數一直增加下去，機率又會開始降低。幾乎每一天所能觀測到的趨勢都是如此。這一種隨機變數的數值分佈狀態趨近於一種稱為波瓦松分配（*Poisson distribution*）的分配型式。

　　並不是所有的隨機變數都有波瓦松分配的特性。事實上，我們日常生活中所能觀測到許多隨機變數的數值都有各自不同的分佈狀態。若是以某一列在投票所前排隊等候投票的女性之身高為隨機變數，我們可以發現到大部分等候投票的女性身高都差不多。其中身高太高的人數與平均身高的人數比起來還是為數不多。同樣地，其中身高太矮的人數與平均身高的人數比起來也是為數不多。我們觀察到具有這種特質的隨機變數不只是身高而已，許多其它的隨機變數（比方說是體重或智商）也有這種特質。這一類隨機變數大部分的觀測值都趨近於隨機變數的平均值，而不是距離平均值相當遙遠。異常的情況極少發生。

　　要描述隨機變數這樣的常態特性，我們以常態分配來表示。某一常態隨機變數X的分配函數如下列公式所示：

$$\frac{1}{\sqrt{(2\pi)}\sigma} e^{-\{(x-\mu)/\sigma\}^2}$$

常態隨機變數的平均值與標準差分別是 μ 與 σ。常態隨機變數的分配形狀如圖81.1所示。

常態隨機變數 X 小於或等於 μ 的機率是0.5，而常態隨機變數 X 大於或等於 μ 的機率也是0.5。如果 c 是任意一個常數，則常態隨機變數 X 小於或等於 $\mu-c$ 的機率與常態隨機變數 X 大於或等於 $\mu+c$ 的機率是相等的。常態分配呈現以平均值為中心的對稱形狀，而沒有任何的偏態。

常態隨機變數 X 小於或等於 $\mu-3\sigma$ 的機率與常態隨機變數 X 大於或等於 $\mu+3\sigma$ 的機率是相等的，這兩個機率都等於0.00135。對於任意一個常態隨機變數 X 的觀測值來說，其數值小於 $\mu-3\sigma$ 或是大於 $\mu+3\sigma$ 的機率等於0.0027。也就是說，常態隨機變數 X 的觀測值介於 $\mu-3\sigma$ 與 $\mu+3\sigma$ 之間的機率等於0.9973。這也表示常態隨機變數 X 的觀測值落在平均值上下三個標準差之內的機率大於0.99。

同樣地，常態隨機變數 X 小於或等於 $\mu-2\sigma$ 的機率與常態隨機變數 X 大於或等於 $\mu+2\sigma$ 的機率是相等的，這兩個機率都等於0.02275。對於任

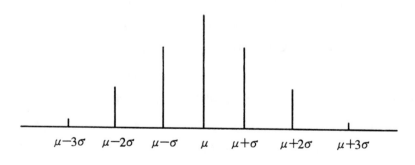

圖81.1

意一個常態隨機變數X的觀測值來說，其數值小於$\mu-2\sigma$或是大於$\mu+2$$\sigma$的機率等於0.0455。也就是說，常態隨機變數$X$的觀測值介於$\mu-2\sigma$與$\mu+2\sigma$之間的機率等於0.9545。而常態隨機變數$X$的觀測值介於$\mu-\sigma$與$\mu+\sigma$之間的機率等於0.6826。

我們可以知道常態隨機變數99％的觀測值會落在平均值上下三個標準差之內；95％的觀測值會落在平均值上下二個標準差之內；68％的觀測值會落在平均值上下一個標準差之內。常態隨機變數只有不到1％的觀測值會落在平均值上下三個標準差之外。因為常態隨機變數的數值分佈狀態極少發生異常的情況，所以會被稱為常態隨機變數，且其分配型式稱為常態分配。

問題82　如何求出常態分配的機率？

根據問題81的討論，我們已知常態隨機變數X的平均值與標準差分別是μ與σ。若是將常態隨機變數X的數值與其平均值的差異值除以其標準差，我們可以將常態隨機變數X的數值予以標準化。如果X遵循常態分配，則我們可以證明$Z=(X-\mu)/\sigma$也遵循常態分配。同時我們可以知道Z的平均值與標準差分別是0與1。Z也稱為**標準常態變數**（*standard normal variable*）。

若是某一常態隨機變數X的平均值與標準差分別是μ與σ，則我們可以推導出一個平均值與標準差分別是0與1的標準常態變數。我們可以很容易地將標準常態變數的機率以表格的型式來表示。如果我們想要以表格的型式來表示非標準常態變數的機率，則我們必須針對不同數值的平均值或標準差來求出其機率。對於標準常態變數來說，如果機率表格的型式是以Z值小於或等於某一特定數值的方式來表達，則此一機率表格已經能充分地顯示應具備的資訊，且Z值的平均值與標準差都是固定值。

常態隨機變數之數值的標準化還具備其它的優點。我們已知常態隨機

變數99％的觀測值會落在平均值上下三個標準差之內。對於標準常態變數來說，其標準差等於1，因此標準常態變數99％的觀測值會落在－3與＋3的範圍之內。因為標準常態變數的觀測值小於－3或是大於＋3的機率極其微小，所以在機率表格內只針對數值落在－3與＋3範圍之內觀測值求出機率就已經能充分地顯示應具備的資訊。

標準常態變數的機率在許多有關統計的書中都可以找到常態分配機率表。有些套裝軟體也會提供常態分配機率表，比方說是Excel。像是Excel的套裝軟體都會提供標準常態機率，而此一機率的表達型式是$P[X \leq x]$，且對任意的x值（不論是正值或是負值）都適用。藉由這樣的套裝軟體，我們可以很快地求出累積機率。假使我們想要求出常態隨機變數X的數值介於x與y之間的機率，我們可以先求出常態隨機變數X的數值小於或等於y的累積機率。同時我們可以求出常態隨機變數X的數值小於或等於x的累積機率。然後我們可以藉由這兩個累積機率的差異值來表示常態隨機變數X的數值介於x與y之間的機率。

在許多書中的常態分配機率表可能會以不同的型式出現。在某些書中，機率表是以$P[X \geq x]$的方式來表示（x為正值）。但是藉由常態分配曲線的對稱特性，我們可以得到$P[X \geq -x]$的機率如下列等式所示：

$$P[X \geq -x] = P[X \leq x]$$
$$= 1 - P[X \geq x]$$

藉由以$P[X \geq x]$方式來表示（x為正值）之常態分配機率表（**表82.1**）的幫助，我們來看如何查出常態隨機變數X的機率。

1. 查出X小於－2的機率

$$P[X < -2] = P[X \geq 2] = 0.0228$$

表82.1

X	$P[X \geqq x]$
0	0.5000
0.25	0.4013
0.5	0.3085
0.75	0.2266
1	0.1587
1.25	0.1056
1.5	0.0668
1.75	0.0401
2	0.0228
2.25	0.0122
2.5	0.0062
2.75	0.0030
3	0.0013

2. 查出 X 小於 1.5 的機率

$$P[X < 1.5] = 1 - P[X \geqq 1.5] = 1 - 0.0668 = 0.9332$$

3. 查出 X 大於 -1.75 的機率

$$P[X > -1.75] = 1 - P[X \leqq -1.75]$$
$$= 1 - P[X \geqq 1.75] = 1 - 0.0401$$
$$= 0.9599$$

4. 查出 X 介於 2 與 3 之間的機率

$$P\ (2<X<3) = P\ (X\leqq 3) - P\ (X\leqq 2)$$
$$= (1-P\ (X\geqq 3)) - (1-P\ (X\geqq 2))$$
$$= (1-0.0013) - (1-0.0228)$$
$$= 0.9987 - 0.9772$$
$$= 0.0215$$

第五章

工作表

基本觀念

問題83　工作表為何？它在計算時有何用處？

工作表是一種應用軟體，它能執行許多特定功能，比方說計算、繪圖、執行「what-if」分析、求解最佳化問題……等等。一般來說，所有的工作表應用軟體都提供或多或少的類似功能。每一種工作表應用軟體都可能提供某些特殊的功能，但是所有工作表應用軟體的基本觀念與原則都是相同的。在本書中我們所應用的工作表軟體是Microsoft Excel 2000。在此我們假設所有的讀者都熟悉個人電腦（PC）與Windows作業系統的操作。

基本上，工作表是由許多欄與列所組成且範圍廣闊的一張表。工作表的欄以英文字母A、B、C......Z表示。在Z之後，則以AA、AB、AC......表示。工作表的列以數字1、2、3......表示。工作表的容量大小必須根據我們所使用的應用軟體而定。Microsoft Excel 2000的最大工作表容量是256欄與65536列。

每一個工作表檔案可以由許多張工作表所組成。預設的工作表檔案名稱為Book1、Book2、Book3......，預設的工作表名稱則為Sheet1、Sheet2、Sheet3......。我們可以自由地為這些工作表重新命名。每一張工作表的名稱出現在電腦螢幕的下方，我們可以藉由滑鼠點選所要應用的那一張工作表，也可以藉由滑鼠點選某一張工作表的名稱兩次來修改工作表的名稱。

當我們新開啟Excel檔案時，所開啟的預設檔案名稱是Book1，預設工作表的名稱是Sheet1。我們可以看到一張名稱是Sheet1的空白工作表。因為這張工作表的容量太大，而無法完全地在電腦螢幕上顯示，所以我們只能從電腦螢幕上看到大約8到10欄與20到25列。但是我們可以藉由滑鼠的

幫助來移動工作表右側的捲軸,並藉此觀察整張工作表。

　　某一欄與某一列的交叉點稱爲儲存格。我們可以在工作表中把資料輸入在儲存格內。每一個儲存格都以所對應欄的英文字母與所對應列的數字來定義。一般來說,儲存格以位址來表示,像是B2、E12、G25。最上面一列與最左邊一欄交叉所形成的儲存格位址是A1。剛開啓檔案時的游標位置就在儲存格A1。

　　我們可以藉由把資料打出來,而將資料輸入儲存格內。當我們開始打出資料時,工作表就能理解我們所打出的資料型式。如果我們輸入一個數字,比方說是100,工作表就會認定這是一個可以用來計算的數值型資料。如果我們輸入的資料包含至少一個非數字的字元,則此種資料會被工作表認定爲非數值型資料。若是資料以日期的型式輸入,比方說是3/5/01,則此種資料會被工作表認定爲一個日期——西元2001年3月5日。

　　要從儲存格中得到計算後的結果,我們必須在輸入儲存格內容的一開始就鍵入「＝」。工作表會認定在「＝」符號之後的所有資料都是一個計算式。若此一計算式是有意義的,則儲存格會顯示計算後的結果。

　　假設我們要計算某兩個數值的乘積,比方說是365與12.5,並將計算的結果放在儲存格A1,則我們必須在儲存格A1輸入「＝365＊12.5」並鍵入「Enter」鍵。然後計算的結果4562.5就會顯示在儲存格A1內。

　　如果在儲存格A1輸入相同的計算式「365＊12.5」,但卻忽略了在一開始就先輸入「＝」,則所輸入的資料將被工作表認定爲文字資料,而不是數值型資料或是計算式。其中的符號「＊」代表乘積符號。四種稱爲運算元(operand)的符號「＋」、「－」、「＊」、「／」分別代表加、減、乘、除的符號。此外,符號「^」是代表次方的符號。

　　如果某一計算式包含一個以上的運算元,則乘法與除法的部分會先行計算,然後才再計算加法與減法的部分。比方說下列計算式的例子:

$$\lceil = 3 + 4 * 5 \rfloor$$

計算的結果等於23。

　　爲了改變執行運算的先後順序，我們使用括號來區隔數字與運算元。若是計算式的某一部分包含在括號裏面，則括號裏面的部分會先行計算，然後才再計算其它的部分。根據上述的例子，爲了改變執行運算的先後順序，且先執行加法的計算，我們可以將計算式改寫成下列型式：

$$\lceil = (3 + 4) * 5 \rfloor$$

計算的結果等於35。

　　同樣地，如果沒有括號，則「＝20－15／5」的計算結果等於17；如果有括號，則「＝（20－15）／5」的計算結果等於1。

　　若是我們不使用數字的方式來計算，我們還可以使用儲存格參照的方式來計算。假設我們想要計算在每年複利一次且複利率等於12％的情況下，現在的本金$10,000在五年之後的終值是多少，則我們必須應用複利公式 $P(1+r)^n$。其中一種輸入的方式是直接將「＝10000＊（1＋0.12）＾5」輸入儲存格裏面，然後得到計算的結果。

　　另一種輸入的方式則是分別將本金、利率、期數等相關資料輸入在不同的儲存格內，然後使用公式參照的方式來計算。根據上述的例子，我們在儲存格A1輸入「10000」（本金），在儲存格A2輸入「12％」（利率），在儲存格A3輸入「5」（期數）。我們可以在儲存格A4（或者除了A1、A2、A3以外的任何一個儲存格）輸入計算式「＝A1＊（1＋A2）＾A3」並鍵入「Enter」鍵，然後即可得到現在的本金$10,000在每年複利一次且複利率等於12％的情況下五年之後的終值。儲存格A4所顯示的結果是17623.42。

使用儲存格參照的輸入方式比起直接輸入數值計算式的方式更具有優點。我們可以隨意地更動儲存格A1、A2、或是A3的數值，然後自動地在儲存格A4得到新的計算結果。根據上述的例子，如果我們打算求出該筆本金在七年之後的終值，則我們只需要把儲存格A3的數值改爲7即可。我們必須將電腦螢幕上的游標移到A3，然後在儲存格A3裏面輸入「7」並鍵入「Enter」鍵。儲存格A4的計算結果將變爲22106.81。

問題84　工作表是否提供一些標準的計算公式？

是的！工作表能提供一些很直接的標準計算公式。藉由使用這些標準的計算公式，我們就不必將許多數學公式記在腦中，而且可以藉由工作表直接算出我們所要的結果。我們來看以下的例子。

假設在折現率等於12％的情況下，我們要計算一筆每年$1,000且爲期六年的年金現值。我們可以設定從工作表中的任何一個儲存格來顯示計算後的結果。如果我們要讓計算後的結果顯示在儲存格A1，就使用滑鼠把游標移到儲存格A1。

從Excel檔案的工作列我們可以看到一個代表函數精靈的圖示「f_x」。我們可以使用滑鼠點選這個圖示，藉以打開一個列出所有Excel預設函數的「插入函數」視窗。這個「插入函數」視窗分爲左右兩個方格，左半邊的方格列出所有Excel預設的「函數類別」，右半邊的方格則列出左半邊方格「函數類別」所對應的全部Excel預設「函數名稱」。「函數類別」包括了「財務」、「數學與三角函數」、「統計」、「日期與時間」、「檢視與參照」、「邏輯」、「文字」、「資料庫」、「資訊」。我們也可以看到一種「函數類別」稱爲「最近用過函數」。

在「財務」這一種「函數類別」裏面，我們可以發現一種稱爲「PV」（淨現值）的「函數名稱」。首先，我們必須從左半邊方格選取「財務」這一種「函數類別」，然後才可以選取右半邊方格的「函數名稱」。所有與財

務有關的「函數名稱」都列在右半邊的方格裏面。在這些「函數名稱」之中，有一種稱為「PV」的「函數名稱」。在選取「PV」這個「函數名稱」之後，我們使用滑鼠點選「插入函數」視窗下方的「確定」選擇鈕。此時會出現一個新視窗要求輸入計算淨現值所需的參數。

計算淨現值之函數所需設定的參數包括了「Rate」、「Nper」、「Pmt」、「FV」、「Type」。當我們用滑鼠把游標移到這些參數的輸入欄位時，Excel會提供我們有關這些參數的簡單說明。「Rate」（各期的利率）欄位可以用小數點的型式輸入，像是0.12；也可以用百分比的型式輸入，像是12％。「Nper」代表年金的付款總期數。「Pmt」為各期所應給付的固定金額，此金額在整個投資期間都不可更改。「FV」係指最後一次付款完成後，所能獲得的現金餘額，即是年金終值。我們可以使用「Type」這個參數邏輯值表示每一期年金發生的時間點；當為1時，代表每期期初付款；當為0時，代表每期期末付款。根據問題17，我們知道PV（現值）的計算會受到每一期年金發生時間點的影響。如果我們沒有輸入「Type」這個參數，則Excel會自動認定0為預設值，並根據每一期的年金都發生在每期期末的假設來計算PV（現值）。

下列的步驟可以幫助我們計算某一年金的現值：

步驟一

使用滑鼠把游標移到儲存格A1，然後再使用滑鼠點選工作列的圖示「f_x」。我們可以看到一個列出所有Excel預設函數的「插入函數」視窗。這個「插入函數」視窗分為左右兩個方格，左半邊的方格列出所有Excel預設的「函數類別」，右半邊的方格則列出左半邊方格「函數類別」所對應的全部Excel預設「函數名稱」。用滑鼠在左半邊的方格點選「財務」這個「函數類別」，然後我們可以在右半邊的方格看到所有與有關「財務」的「函數名稱」。連續點選「PV」這個「函數名稱」兩次。

步驟二

　　然後我們可以看到一個引導我們計算「PV」的新視窗出現。想要透過Excel計算現值，我們必須輸入五個參數值。在欄位「Rate」輸入0.12或12％；在欄位「Nper」輸入5；在欄位「Pmt」輸入1000。因為期末沒有一整筆的現金流量發生，所以讓欄位「FV」空白。我們省略了欄位「Type」的輸入，所以就表示每一筆現金流量都是在各期的期末發生。在輸入這些參數值之後，我們可以使用滑鼠點選視窗下方的「確定」選擇鈕。在Excel執行現值的計算結束後，計算結果3605會顯示在儲存格A1。

　　我們一般使用絕對數值的觀念來執行Excel的計算功能，但因為Excel也提供儲存格位址的功能，這些計算的過程可以透過使用儲存格參照的功能來達成。若要使用儲存格參照的功能，我們可以在三個儲存格分別輸入12％（Rate）、5（Nper）、1000（Pmt）。以上這些儲存格可以位在工作表的任何一個位址。假設我們輸入數值的儲存格位址分別是B1、B2、B3，且我們希望顯示計算結果的儲存格位址是B5，則我們使用滑鼠把游標移到儲存格B5，然後再使用滑鼠點選工作列的圖示「f_x」，並藉此啟動新的功能視窗。在「財務」這一種「函數類別」裏面選取「PV」這個「函數名稱」之後，我們使用滑鼠點選「插入函數」視窗下方的「確定」選擇鈕。此時會出現一個新視窗要求輸入計算淨現值所需的五個參數值，我們在欄位「Rate」輸入「B1」；在欄位「Nper」輸入「B2」；在欄位「Pmt」輸入「B3」。此時我們所輸入的參數值不是絕對的數值，而是儲存格的參照位址。這些儲存格所參照的位址儲存了Excel計算所需的數值資料。在Excel執行現值的計算結束後，計算結果3605會顯示在儲存格B5。

問題85　情境分析為何？如何使用工作表執行情境分析？

　　工作表對於執行「what-if」分析有很大的幫助。根據問題84，我們使

用12％的折現率計算某一年金的現值。若是我們想知道折現率變為11％、12.5％、或是14％時，該筆年金的現值是多少？我們可以只改變代表折現率那個儲存格的數值（根據問題84的例子，該儲存格為B1），而Excel就會重新自動計算現值，並將計算後的結果顯示於我們所事先選定的計算結果儲存格（根據問題84的例子，該儲存格為B5）。

以上所述即是一個典型「what-if」分析的例子。試著去改變某一個或是某些參數值，並且觀察使用這些新的參數值所得到的計算結果。根據我們所討論的「what-if」分析，我們無法得知現值之前的價值，只能得知現行的折現率顯示在儲存格B1，且該現行折現率所對應的現值計算結果顯示在儲存格B5。假設我們想知道不同折現率所對應的不同現值計算結果，也就是說我們有興趣觀察折現率的變動所引發的不同情境。我們將此種型式的分析稱為**情境分析**，而Excel為情境分析提供了一個有效的工具。

延續上述的例子——折現率的變化對於某一年金現值的影響，現在我們來看如何使用Excel進行情境分析。我們必須根據下列的步驟使用Excel的「分析藍本管理員」來進行情境分析：

步驟一

在儲存格B1輸入12％（各期的利率）、在儲存格B2輸入5（年金的付款總期數）、在儲存格B3輸入1000（各期所應給付的固定金額）。在儲存格B5輸入PV（現值）的公式與適當的參數值（如果這些參數值已經輸入，則省略此一步驟）。

步驟二

使用滑鼠點選Excel視窗選單的「工具」，然後我們可以看到一個選單列出Excel所提供的所有工具名稱，其中一個稱為「分析藍本」。接著使用滑鼠點選「分析藍本」以啟動Excel的「分析藍本管理員」，此時會出現一

個「分析藍本管理員」視窗引導我們使用「分析藍本」。剛開始建立新Excel檔案的時候，位在「分析藍本管理員」視窗左半邊方格的「分析藍本」明細表是空白沒有資料的。我們可以建立所想要分析的「分析藍本」。

步驟三

使用滑鼠點選「新增」選擇鈕來建立「分析藍本」，此時會啟動一個「新增分析藍本」的新視窗。我們在「分析藍本名稱」欄位輸入「折現率11％的現值」做為第一個「分析藍本」的名稱。當然我們也可以隨意的命名，但是如果我們以有意義的方式命名，對我們的使用會比較方便。然後我們在「變數儲存格」欄位輸入「B1」，接著使用滑鼠點選視窗右上方的「確定」選擇鈕，之後會啟動一個「分析藍本變數值」的新視窗，我們可以在這個新視窗輸入儲存格B1的值。

步驟四

在「分析藍本變數值」視窗的「請輸入每一個變數儲存格的數值」「B1」欄位輸入0.11。使用滑鼠點選「新增」選擇鈕再建立另一個「分析藍本」。同樣地，我們可以在「分析藍本名稱」欄位輸入所想要的「分析藍本」名稱。

步驟五

重複步驟三與步驟四各兩次。我們在步驟三的第一次重複時，將「分析藍本名稱」命名為「折現率12.5％的現值」；而在步驟四的第一次重複時，我們在「分析藍本變數值」視窗的「請輸入每一個變數儲存格的數值」「B1」欄位輸入0.125。我們在步驟三的第二次重複時，將「分析藍本名稱」命名為「折現率14％的現值」；而在步驟四的第二次重複時，我們在「分析藍本變數值」視窗的「請輸入每一個變數儲存格的數值」「B1」欄

位輸入0.14。在第二次重複結束後，使用滑鼠點選視窗的「確定」選擇鈕。此時位在「分析藍本管理員」視窗左半邊方格的「分析藍本」明細表已經列出三個新的「分析藍本」。

步驟六

使用滑鼠點選「分析藍本管理員」視窗右下角的「摘要」選擇鈕，此時會啓動一個「分析藍本摘要」的新視窗。我們從「分析藍本摘要」視窗上方的「報表類型」選擇區內挑選「分析藍本摘要」，然後在下方的「目標儲存格」欄位輸入「B5」，因爲儲存格B5是我們打算用來顯示基於不同的折現率所導致的不同現值計算結果。接著我們使用滑鼠點選「分析藍本摘要」視窗右上方的「確定」選擇鈕，之後我們可以在另一張稱爲「分析藍本摘要」的工作表上看到所想要得到的情境分析結果摘要。

問題86　工作表應用軟體的「目標搜尋」功能為何？

Excel提供一項稱爲「目標搜尋」的工具。根據「目標搜尋」的功能，我們可以藉由使用自行定義的公式或是Excel預設的函數，並以參照其它變數的方式來定義某一變數。我們可以設定某一相依變數的值等於我們所想要的結果，然後我們可以利用Excel去找到使相依變數值等於所想要結果的第一個變數值。

現在我們試著用以下的簡單例子來理解「目標搜尋」的概念。假設我們在5年後需要$1,000,000，而從現在起三年內我們有多餘的錢可以進行投資，且所投資的標的物年利率爲13.5％，每季複利一次。現在我們想要知道在這三年內每季必須投資多少錢，才能在5年後回收$1,000,000。

假設在這三年內我們每季投資$100，也就是總共有12期的投資。第一期$100的投資在三年後會變成$100 \times (1 + 0.1325 / 4)^{12}$，也就是$100以13.25％的年複利率每季複利一次在第三年末的終值。同樣地，我

們也可以求出另外11期的投資在第三年末的終值。事實上，我們所要求解的是一整筆年金在三年後的終值。該筆年金在三年後的終值仍須再複利兩年以求得第五年末的終值。因此，假設我們在最初的12季每季投資$100，則我們可以計算在第五年末所應回收的金額。

但是我們在第五年末所需的年金終值必須等於$1,000,000。「目標搜尋」的功能可以幫助我們求出第五年末年金終值等於$1,000,000時的每一筆年金大小。我們必須根據下列的步驟使用Excel的「目標搜尋」功能：

步驟一

在儲存格A1輸入100；在儲存格A2輸入13.25％；在儲存格A3輸入4；在儲存格A4輸入3。

步驟二

使用滑鼠將游標移到儲存格A6，然後再使用滑鼠點選工作列的圖示「ƒₓ」以啓動函數精靈。用滑鼠在「插入函數」視窗左半邊的方格點選「財務」這個「函數類別」，接著我們可以在右半邊的方格找到「FV」（終值）這個「函數名稱」，然後使用滑鼠連續點選「FV」這個「函數名稱」兩次，此時可以看到一個引導我們輸入計算「FV」所需參數的新視窗出現。

步驟三

在欄位「Rate」輸入「A2／A3」；在欄位「Nper」輸入「A3＊A4」；在欄位「Pmt」輸入「A1」。因為期初沒有一整筆的現金流量發生，所以讓欄位「PV」空白。我們在欄位「Type」輸入1，藉此表示每一筆現金流量都是在每一季的季初發生。在輸入這些參數值之後，我們可以使用滑鼠點選視窗下方的「確定」選擇鈕。在Excel執行終值的計算結束後，計算結果1492.52會顯示在儲存格A6，而$1,492.52正是某一整筆年金

在第三年末（即第12季末）的終值，其中各筆年金發生在每季的季初，共發生12季，每一筆的金額等於$100。

使用滑鼠將游標移到儲存格A8，然後再依照之前的方法啟動「FV」（終值）這個「函數名稱」。等到輸入計算「FV」所需參數的新視窗出現後，在欄位「Rate」輸入「A2／A3」；在欄位「Nper」輸入8；在欄位「PV」輸入「A6」；讓欄位「Pmt」與欄位「Type」空白。在輸入這些參數值之後，我們可以使用滑鼠點選視窗下方的「確定」選擇鈕。在Excel執行終值的計算結束後，計算結果1937.06會顯示在儲存格A8，而$1,937.06正是某一整筆年金在第五年末（即第20季末）的終值，其中各筆年金發生在第一到第十二季的季初，共發生12期，每一筆的金額等於$100。因為我們在第五年末所需的年金終值等於$1,000,000，所以必須依靠「目標搜尋」的功能來求解各筆年金的大小。

步驟四

使用滑鼠點選Excel視窗選單的「工具」，然後我們可以看到一個選單列出Excel所提供的所有工具名稱，其中一個稱為「目標搜尋」。接著使用滑鼠點選「目標搜尋」，此時會出現一個「目標搜尋」視窗引導我們將內容輸入三個欄位：「目標儲存格」、「目標值」、「變數儲存格」。「目標儲存格」是我們所想要設定數值的儲存格。根據上述的例子，「目標儲存格」是儲存格A8。「目標值」是我們所想要設定數值的大小。根據上述的例子，「目標值」等於$1,000,000。「變數儲存格」是我們所想要改變的數值所存放的儲存格，藉由改變此一儲存格的數值大小，我們可以使「目標儲存格」的數值大小等於「目標值」。根據上述的例子，「變數儲存格」是儲存格A1。

在欄位「目標儲存格」輸入「A8」；在欄位「目標值」輸入$1,000,000；在欄位「變數儲存格」輸入「A1」。在輸入這些參數值之後，

我們使用滑鼠點選視窗左下方的「確定」選擇鈕，此時儲存格A8的數值變為$1,000,000，且儲存格A1的數值變為$51,624.7。「目標搜尋」的功能幫助我們求出要在前三年內每季投資$51,624.7，才能在第五年末回收$1,000,000。

債　券

問題87　如何使用工作表計算某一債券的價格？

我們先來看以下的例子。假設某一面值$100，票面利率13.5％，且票面利息每半年支付一次的債券於2011年6月30日到期。資本市場上此一債券指標性的到期殖利率為14％。假設我們想要計算該債券在2001年7月1日的價格。

第一個方法是使用Excel的「PV」函數求出票面利息與債券面值以14％折現的現值。因為票面利息每半年發放一次，所以每半年所收到的票面利息金額為$6.75。如果該債券第一次的票面利息在2002年12月31日發放，則直到2011年6月30日總共收到十八次每半年發放一次的票面利息。殖利率等於7％，即是年度到期殖利率的一半。

在儲存格A1輸入6.75；在儲存格A2輸入7％；在儲存格A3輸入100；在儲存格A4輸入18。使用滑鼠將游標移到儲存格A6，然後再使用滑鼠點選工作列的圖示「f_x」以啟動函數精靈，接著我們使用滑鼠連續點選「財務」這一種「函數類別」裏面的「函數名稱」「PV」兩次，此時可以看到一個引導我們輸入計算「PV」所需參數的新視窗出現。在新視窗的欄位「Rate」輸入「A2」；在欄位「Nper」輸入「A4」；在欄位「Pmt」輸入「A1」；在欄位「FV」輸入「A3」。在輸入這些參數值之後，我們可以使用滑鼠點選視窗下方的「確定」選擇鈕。在Excel執行現值的計算結束後，

計算結果97.48會顯示在儲存格A6。

假設我們所要計算債券價格的基準日不是2002年7月1日，而是想要計算該債券在2002年11月28日的價格，則我們幾乎不可能使用Excel的「PV」函數來求解，因為我們無法在「PV」函數所需的參數中表達出想要計算2002年11月28日的現值。「PV」函數假設到下一次票面利息的發放日期，正好等於我們在欄位「Nper」輸入的票面利息發放期間長短。

對於無法使用「PV」函數計算債券價格的情況，Excel提供另一個稱為「PRICE」的公式來計算債券的價格。就像其它進階的函數一樣，「PRICE」這個「函數名稱」並沒有列在「財務」這個「函數類別」裏面。但是我們可以藉由增加「分析工具箱」，把這些進階的函數列在「函數類別」裏面。要增加「分析工具箱」我們首先使用滑鼠點選Excel視窗選單的「工具」，然後我們可以看到一個選單列出Excel所提供的所有工具名稱，其中一個稱為「增益集」。接著使用滑鼠點選「增益集」，此時會出現一個「增益集」新視窗，在「增益集」新視窗左半邊的方格裏面列出所有可勾選的「現有的增益功能」。我們在勾選「分析工具箱」之後，使用滑鼠點選「增益集」視窗右上方的「確定」選擇鈕把進階的函數列入「函數類別」。

下列的步驟可以幫助我們計算某一債券的價格：

步驟一

在下列的儲存格輸入以下的數值：

儲存格A1　　13.5％（票面利率）

儲存格A2　　14％（殖利率）

儲存格A3　　06/30/2011（債券的到期日，一般以「月／日／年」的日期序列表示）

儲存格A4　　07/01/2002（計算債券價格的基準日，一般以「月／日

／年」的日期序列表示）

儲存格A5　　100（贖回價值，即債券面值）

儲存格A6　　2（票面利息每年發放次數）

步驟二

使用滑鼠將游標移到儲存格A8，然後再使用滑鼠點選工作列的圖示「*f_x*」以啟動函數精靈，在「財務」這一種「函數類別」裏面連續點選「PRICE」這個「函數名稱」兩次。此時可以看到一個引導我們輸入計算「PRICE」所需參數的新視窗出現。所需設定的參數包括了「Settlement」、「Maturity」、「Rate」、「Yld」、「Redemption」、「Frequency」、「Basis」。當我們用滑鼠把游標移到這些參數的輸入欄位時，Excel會提供我們有關這些參數的簡單說明。「Settlement」為計算債券價格的基準日，即是有價證券的交割日，以「月／日／年」的日期序列表示。「Maturity」為債券的到期日，以「月／日／年」的日期序列表示。「Rate」為債券的票面利率，即是證券年利率。「Yld」為債券的殖利率，即是證券的年收益。「Redemption」為債券到期時所贖回的面值，即是每$100面值證券的折讓值。「Frequency」係指債券票面利息每年的發放次數，即是每年給付利息總次數；Excel在此一欄位接受1、2、4三種參數輸入值，分別代表每年、每半年、每季發放一次票面利息。「Basis」係指所要使用的日期計算基準類型（關於Basis的詳細說明請參照問題88）。

步驟三

在參數欄位「Settlement」輸入「A4」

在參數欄位「Maturity」輸入「A3」

（注意：以上兩個在儲存格A3與A4所輸入的日期將以數值的型態顯

示）

　　在參數欄位「Rate」輸入「A1」

　　在參數欄位「Yld」輸入「A2」

　　在參數欄位「Redemption」輸入「A5」

　　在參數欄位「Frequency」輸入「A6」

　　在輸入這些參數值之後，我們可以使用滑鼠點選視窗右下方的「確定」
選擇鈕。在Excel執行債券價格的計算結束後，計算結果97.48會顯示在儲
存格A6。

　　在上述的例子，計算債券價格的基準日為2002年7月1日，正好是票
面利息發放的次一日。即使計算債券價格的基準日不是票面利息發放的次
一日，Excel的「PRICE」函數還是可以計算出債券的價格。我們可以試著
用「PRICE」函數計算出2002年11月28日的債券價格。

　　使用滑鼠把游標移到儲存格A4，然後將計算債券價格的基準日改為
11／28／2002，我們就可以看到計算結果97.51顯示在儲存格A6。

問題88　若是某一債券初次發放票面利息的金額不同於以後票面利息的發放金額，則此一債券的價格該如何計算？

　　首先我們必須理解Excel的「PRICE」函數如何計算某一債券的價格。
我們繼續引用問題87所舉例的債券——某一2011年6月30日到期、面值
$100、票面利率13.5％，且票面利息每半年支付一次的債券。資本市場上
此一債券指標性的到期殖利率為14％。

　　債券的價格等於債券的面值與票面利息以到期殖利率折現的現值。假
設計算債券價格的基準日為2002年11月28日，則下一次發放票面利息的
日期是2002年12月31日。在2002年12月31日所收到的票面利息只需要折
現從2002年11月28日到2002年12月31日的這段期間。因此，所有未來將

發放的票面利息可以用每一筆現金流量間隔半年的方式先折現到2002年12月31日，然後再以一整筆現金流量的方式折現從2002年11月28日到2002年12月31日的這段期間。Excel的「PRICE」函數會考量從2002年11月28日到2002年12月31日的這段期間，並據此計算債券的價格。因為必須找出這段期間的日期計算基準，所以「Basis」這個參數值的設定是必要的。Excel總共提供五種所要使用的日期計算基準類型，如**表88.1**所示。

表88.1

Basis	日期計算基準類型
0或省略未輸入	美國曆法：每月30天／每年360天
1	每月實際天數／每年實際天數
2	每月實際天數／每年360天
3	每月實際天數／每年365天
4	歐洲曆法：每月30天／每年360天

我們可以選擇適當的日期計算基準類型來計算債券的價格。

我們來看初次發放票面利息的金額不同於以後票面利息發放金額的情形。假設以上所討論債券的發行日為2002年7月18日，且初次發放票面利息的日期為2002年12月31日。初次發放票面利息的金額不是$6.75（$13.5的一半），而是$6.75的一部分。在這種情況下，初次發放票面利息的金額必須予以個別的考量，我們可以使用Excel的「ODDFPRICE」函數來計算此種債券的價格。

「ODDFPRICE」函數所需的參數與我們所討論之範例所對應的參數值如**表88.2**所示。

表88.2

參數欄位	參數值
Settlement	2002年11月27日
Maturity	2011年6月30日
Issue	2002年7月18日
First_coupon	2002年12月31日
Rate	13.5％
Yield	14％
Redemption	$100
Frequency	2
Basis	0或省略未輸入

下列的步驟可以幫助我們計算此一債券的價格：

步驟一

在下列的儲存格輸入以下的數值：

儲存格A1　11/27/2002（計算債券價格的基準日，一般以「月／日／年」的日期序列表示）

儲存格A2　06/30/2011（債券的到期日，一般以「月／日／年」的日期序列表示）

儲存格A3　07/18/2002（債券的發行日，一般以「月／日／年」的日期序列表示）

儲存格A4　12/31/2002（初次票面利息的發放日，一般以「月／日／年」的日期序列表示）

儲存格A5　13.5％（票面利率）

儲存格A6　　14％（殖利率）

儲存格A7　　$100（贖回價值，即債券面值）

儲存格A8　　2（票面利息每年發放次數）

儲存格A9　　0（日期計算基準類型）

步驟二

使用滑鼠將游標移到儲存格A11，然後再使用滑鼠點選工作列的圖示「f_x」以啟動函數精靈，在「財務」這一種「函數類別」裏面連續點選「ODDFPRICE」這個「函數名稱」兩次。此時可以看到一個引導我們輸入計算「ODDFPRICE」所需參數的新視窗出現。所需設定的參數包括了「Settlement」、「Maturity」、「Issue」、「First_coupon」、「Rate」、「Yld」、「Redemption」、「Frequency」、「Basis」。當我們用滑鼠把游標移到這些參數的輸入欄位時，Excel會提供我們有關這些參數的簡單說明。「Settlement」為計算債券價格的基準日，即是有價證券的交割日，以「月／日／年」的日期序列表示。「Maturity」為債券的到期日，以「月／日／年」的日期序列表示。「Issue」為債券的發行日，以「月／日／年」的日期序列表示。「First_coupon」為債券初次票面利息的發放日，以「月／日／年」的日期序列表示。「Rate」為債券的票面利率，即是證券年利率。「Yld」為債券的殖利率，即是證券的年收益。「Redemption」為債券到期時所贖回的面值，即是每$100面值證券的折讓值。「Frequency」係指債券票面利息每年的發放次數，即是每年給付利息總次數；Excel在此一欄位接受1、2、4三種參數輸入值，分別代表每年、每半年、每季發放一次票面利息。「Basis」係指所要使用的日期計算基準類型。

步驟三

在參數欄位「Settlement」輸入「A1」

在參數欄位「Maturity」輸入「A2」

在參數欄位「Issue」輸入「A3」

在參數欄位「First_coupon」輸入「A4」

（注意：以上四個在儲存格A1、A2、A3、A4所輸入的日期將以數值的型態顯示）

在參數欄位「Rate」輸入「A5」

在參數欄位「Yld」輸入「A6」

在參數欄位「Redemption」輸入「A7」

在參數欄位「Frequency」輸入「A8」

在參數欄位「Basis」輸入「A9」

在輸入這些參數值之後，我們可以使用滑鼠點選視窗右下方的「確定」選擇鈕。在Excel執行債券價格的計算結束後，計算結果97.52會顯示在儲存格A11。

我們可以使用Excel的「ODDFPRICE」函數來計算初次發放票面利息金額不同於以後票面利息發放金額的債券價格，也可以使用Excel的「ODDFPRICE」函數來計算最末一次發放票面利息金額不同於之前票面利息發放金額的債券價格。

問題89　若是某一債券最末一次票面利息的發放金額不同於之前票面利息的發放金額，則此一債券的到期殖利率該如何計算？

首先我們討論如何計算一般標準債券的到期殖利率。我們可以從Excel

的預設函數找到計算債券到期殖利率的「YIELD」函數。

　　我們來看以下的例子。假設某一面值$100，於2011年6月30日到期的債券價格為$96.5。該債券的票面利率13.5％，且票面利息為每半年支付一次。若是我們在2002年11月28日購入此一債券，我們來看該如何計算此一債券的到期殖利率。使用Excel的「YIELD」函數即可求出該債券的到期殖利率。

　　下列的步驟可以幫助我們計算此一債券的到期殖利率：

步驟一

在下列的儲存格輸入以下的數值：

儲存格A1	$100（贖回價值，即債券面值）
儲存格A2	06/30/2011（債券的到期日，一般以「月／日／年」的日期序列表示）
儲存格A3	$96.5（債券的價格）
儲存格A4	13.5％（票面利率）
儲存格A5	11/27/2002（計算債券價格的基準日，一般以「月／日／年」的日期序列表示）
儲存格A6	2（票面利息每年發放次數）
儲存格A7	0（日期計算基準類型）

步驟二

　　使用滑鼠將游標移到儲存格A9，然後再使用滑鼠點選工作列的圖示「*fx*」以啟動函數精靈，在「財務」這一種「函數類別」裏面連續點選「YIELD」這個「函數名稱」兩次。此時可以看到一個引導我們輸入計算「YIELD」所需參數的新視窗出現。計算「YIELD」函數所需設定的參數包

括了「Settlement」、「Maturity」、「Rate」、「Pr」、「Redemption」、「Frequency」、「Basis」。當我們用滑鼠把游標移到這些參數的輸入欄位時，Excel會提供我們有關這些參數的簡單說明。「Settlement」為計算債券價格的基準日，即是有價證券的交割日，以「月／日／年」的日期序列表示。「Maturity」為債券的到期日，以「月／日／年」的日期序列表示。「Rate」為債券的票面利率，即是證券年利率。「Pr」為債券的價格，即是每$100面額的證券價格。「Redemption」為債券到期時所贖回的面值，即是每$100面值證券的折讓值。「Frequency」係指債券票面利息每年的發放次數，即是每年給付利息總次數；Excel在此一欄位接受1、2、4三種參數輸入值，分別代表每年、每半年、每季發放一次票面利息。「Basis」係指所要使用的日期計算基準類型。（關於Basis的詳細說明請參照問題88）

「YIELD」函數所需的參數與我們所討論之範例所對應的參數值如**表89.1**所示。

表89.1

參數欄位	參數值
Settlement	A5
Maturity	A2
Rate	A4
Pr	A3
Redemption	A1
Frequency	A6
Basis	A7

步驟三

在參數欄位「Settlement」輸入「A5」

在參數欄位「Maturity」輸入「A2」

（注意：以上兩個在儲存格A2與A5所輸入的日期將以數值的型態顯示）

在參數欄位「Rate」輸入「A4」

在參數欄位「Pr」輸入「A3」

在參數欄位「Redemption」輸入「A1」

在參數欄位「Frequency」輸入「A6」

在參數欄位「Basis」輸入「A7」

在輸入這些參數值之後，我們可以使用滑鼠點選視窗右下方的「確定」選擇鈕。在Excel執行到期殖利率的計算結束後，計算結果14.21％會顯示在儲存格A9。

現在我們考量一個在2003年1月15日到期的債券，但該債券的其它特性與2011年6月30日到期的債券類似。很明顯地，此一債券的價格會比較高，比方說是$99.55。假設該債券最近一次發放票面利息的日期為2002年6月30日，且下一次也是最後一次發放票面利息的日期為2003年1月15日，則在2003年1月15日所收到的票面利息必須包括從2002年7月1日到2002年12月31日這半年所應發放的票面利息，再加上從2003年1月1日到2003年1月15日的這段付息期間所應發放的票面利息。在以上這種情況下，我們無法使用Excel的「YIELD」函數直接計算債券的到期殖利率，但我們可以使用Excel的「ODDLYIELD」函數來計算債券的到期殖利率。

計算「ODDLYIELD」函數所需設定的參數包括了「Settlement」、

「Maturity」、「Last_interest」、「Rate」、「Pr」、「Redemption」、「Frequency」、「Basis」，除了參數「Last_interest」以外，其它參數與「YIELD」函數所需設定的參數都相同。參數「Last_interest」表示債券最近一次發放票面利息的日期，即是前次證券利率日期，一般以「月／日／年」的日期序列表示。

下列的步驟可以幫助我們計算此一債券的到期殖利率：

步驟一

要使用「ODDLYIELD」函數計算上述債券的到期殖利率，我們將儲存格A3所輸入的債券價格從$96.50改為$99.55，將儲存格A2所輸入的債券到期日從06/30/2011改為01/15/2003，並在儲存格A8輸入該債券最近一次發放票面利息的日期06/30/2002。

步驟二

使用滑鼠將游標移到儲存格A9，然後再使用滑鼠點選工作列的圖示「f_x」以啟動函數精靈，在「財務」這一種「函數類別」裏面連續點選「ODDLYIELD」這個「函數名稱」兩次。此時可以看到一個引導我們輸入計算「ODDLYIELD」所需參數的新視窗出現。

步驟三

在參數欄位「Settlement」輸入「A5」
在參數欄位「Maturity」輸入「A2」
在參數欄位「Last_interest」輸入「A8」

（注意：以上三個在儲存格A2、A5、A8所輸入的日期將以數值的型態顯示）

在參數欄位「Rate」輸入「A4」

在參數欄位「Pr」輸入「A3」

在參數欄位「Redemption」輸入「A1」

在參數欄位「Frequency」輸入「A6」

在參數欄位「Basis」輸入「A7」

在輸入這些參數值之後，我們可以使用滑鼠點選視窗右下方的「確定」選擇鈕。在Excel執行到期殖利率的計算結束後，計算結果16.12％會顯示在儲存格A9。

我們可以使用Excel的「ODDLYIELD」函數來計算最末一次票面利息發放金額不同於之前票面利息發放金額的債券到期殖利率，也可以使用Excel的「ODDLYIELD」函數來計算初次票面利息發放金額不同於以後票面利息發放金額的債券到期殖利率。

問題90　如何計算某一債券的存續期間？

根據問題7，債券的存續期間是衡量債券所有現金流量平均到期期間的指標。更精確地說，它是所有尚存現金流量到期期間的加權平均，而權值乃是依各現金流量的現值而定。

假設某一面值$100，於2005年9月15日到期的債券票面利率為15％，且票面利息為每季支付一次。我們想要求解此一債券在2002年2月21日且到期殖利率等於14.5％的存續期間。

我們可以使用Excel的「DURATION」函數計算債券的存續期間。下列的步驟可以幫助我們計算某一債券的存續期間：

步驟一

在下列的儲存格輸入以下的數值：

儲存格A1　02/21/2011（計算債券價格的基準日，一般以「月／日／年」的日期序列表示）

儲存格A2　09/15/2002（債券的到期日，一般以「月／日／年」的日期序列表示）

儲存格A3　15％（票面利率）

儲存格A4　14.5％（到期殖利率）

儲存格A5　4（票面利息每年發放次數）

儲存格A6　0（日期計算基準類型）

步驟二

　　使用滑鼠將游標移到儲存格A8，然後再使用滑鼠點選工作列的圖示「f_x」以啟動函數精靈，在「財務」這一種「函數類別」裏面連續點選「DURATION」這個「函數名稱」兩次。此時可以看到一個引導我們輸入計算「DURATION」所需參數的新視窗出現。所需設定的參數包括了「Settlement」、「Maturity」、「Coupon」、「Yld」、「Frequency」、「Basis」。當我們用滑鼠把游標移到這些參數的輸入欄位時，Excel會提供我們有關這些參數的簡單說明。「Settlement」為計算債券價格的基準日，即是有價證券的交割日，以「月／日／年」的日期序列表示。「Maturity」為債券的到期日，以「月／日／年」的日期序列表示。「Coupon」為債券的票面利率，即是證券年利率。「Yld」為債券的殖利率，即是證券的年收益。「Frequency」係指債券票面利息每年的發放次數，即是每年給付利息總次數；Excel在此一欄位接受1、2、4三種參數輸入值，分別代表每年、每半年、每季發放一次票面利息。「Basis」係指所要使用的日期計算基準類型（關於Basis的詳細說明請參照問題88）。

步驟三

在參數欄位「Settlement」輸入「A1」

在參數欄位「Maturity」輸入「A2」

（注意：以上兩個在儲存格A1與A2所輸入的日期將以數值的型態顯示）

在參數欄位「Coupon」輸入「A3」

在參數欄位「Yld」輸入「A4」

在參數欄位「Frequency」輸入「A5」

在參數欄位「Basis」輸入「A6」

在輸入這些參數值之後，我們可以使用滑鼠點選視窗右下方的「確定」選擇鈕。在Excel執行存續期間的計算結束後，計算結果2.76（年）會顯示在儲存格A8。

股　票

問題91　如何計算某一股票的預期投資報酬率與風險性？

根據之前所討論的問題32與問題33，我們已知如何定義某項投資報酬率不確定的資產之預期投資報酬率與風險性。如果某一股票今天的價格是 \$50，且明天的價格是 \$55，則該股票一天內的絕對投資報酬等於 \$5，且投資報酬率等於10％（＝5÷50×100％）。

如果我們觀察並記錄某一股票一段期間的股價，比方說是19天，則我們可以計算在這18天內該股票每日的投資報酬率，但是我們無法計算第一

天的投資報酬率，因為我們沒有此一股票前一天的股價記錄。這些每日投資報酬率的平均數是此一股票預期投資報酬率的衡量基準；這些每日投資報酬率的標準差是此一股票風險性的衡量基準。

我們以台積電在2001年2月份的股價為例，如**表91.1**所示。

我們已經有台積電2001年2月份股市交易日的股價資料。根據這19筆資料，我們可以計算18天內台積電股票每日的投資報酬率。下列的步驟可以幫助我們計算台積電股票的投資報酬率與風險性：

步驟一

將資料輸入Excel工作表儲存格中。在儲存格A1到A19中輸入2001年

表91.1

日期	台積電
2/1	101.5
2/2	100.5
2/5	98.5
2/6	98
2/7	91.5
2/8	90.5
2/9	91.5
2/12	92
2/13	98
2/14	94
2/15	100.5
2/16	98
2/19	96
2/20	96
2/21	97.5
2/22	93.5
2/23	91
2/26	89
2/27	90

2月份的股市交易日期；在儲存格B1到B19中輸入2001年2月份股市交易日當天所對應的台積電股票收盤價。

步驟二

根據台積電2001年2月1日與2月2日的股價，我們可以使用滑鼠將游標移到儲存格C2，然後在儲存格C2輸入下列的公式以求得2001年2月2日的投資報酬率。

$$= (B2 - B1) / B1 * 100\%$$

2001年2月2日的投資報酬率－0.99％會顯示在儲存格C2。

步驟三

我們可以將類似的公式輸入其它從儲存格C3到C19共17個儲存格，也可以使用Excel所提供的「複製」功能。我們先使用滑鼠將游標移到儲存格C2，然後點選Excel視窗選單的「編輯」，此時我們可以看到一個選單列出Excel所提供的所有編輯選項，其中一個稱為「複製」。接著使用滑鼠點選「複製」以複製儲存格C2的公式內容。之後我們使用滑鼠將游標從儲存格C3拖曳到C19形成一區塊，藉此選取儲存格C3到C19共17個儲存格。最後我們使用滑鼠點選Excel視窗選單的「編輯」，然後在選單內點選「貼上」，或是直接點選工作列的「貼上」圖示，藉此將儲存格C2的公式內容複製到儲存格C3到C19共17個儲存格。現在我們已利用Excel算出台積電股票從2001年2月2日到2月27日共18個股市交易日的投資報酬率。

步驟四

現在我們可以使用Excel所提供的「AVERAGE」函數來計算台積電股

票的預期投資報酬率。使用滑鼠將游標移到儲存格C21，然後再使用滑鼠點選工作列的圖示「f_x」以啓動函數精靈視窗。之後用滑鼠在視窗左半邊的方格點選「統計」這個「函數類別」，然後我們可以在視窗右半邊的方格看到所有與有關「統計」的「函數名稱」。

在「統計」這一種「函數類別」裏面連續點選「AVERAGE」這個「函數名稱」兩次，此時可以看到一個引導我們輸入計算「AVERAGE」所需參數的新視窗出現。在「AVERAGE」視窗的參數欄位「Number 1」輸入儲存格位址「C2：C19」。在輸入這個參數值之後，我們可以使用滑鼠點選視窗右下方的「確定」選擇鈕。在Excel執行台積電股票預期投資報酬率的計算結束後，計算結果－0.61％會顯示在儲存格C21。

步驟五

同樣地，我們可以使用Excel所提供的「STDEV」函數來計算台積電股票的風險性。使用滑鼠將游標移到其它的儲存格，比方說是儲存格C23，然後再使用滑鼠點選工作列的圖示「f_x」以啓動函數精靈視窗。接著在「統計」這一種「函數類別」裏面連續點選「STDEV」這個「函數名稱」兩次，此時可以看到一個引導我們輸入計算「STDEV」所需參數的新視窗出現。在「STDEV」視窗的參數欄位「Number 1」輸入儲存格位址「C2：C19」。在輸入這個參數值之後，我們可以使用滑鼠點選視窗右下方的「確定」選擇鈕。在Excel執行台積電股票風險性的計算結束後，計算結果3.39％會顯示在儲存格C23。

問題92　如何計算某一股票的 β 值？

根據之前所討論的問題43，我們已知 β 值描繪某一股票的價格變動與整體股票市場指數變動之間的關係。以台灣的股票市場來說，除了台灣證券交易所股票集中市場加權指數以外，還有上櫃股票市場指數。在此我們

以台積電股票價格資料與台灣證券交易所股票集中市場加權指數資料來計算 β 值。

表92.1提供2001年2月份股市交易日台積電股票收盤價資料，以及台灣證券交易所股票集中市場加權指數收盤資料。

β 值是單一股票投資報酬率（本例爲台積電）與整體上市股票指數投資報酬率（本例爲台灣證券交易所股票集中市場加權指數）之線性迴歸方程式的係數。單一股票投資報酬率爲相依變數；而整體上市股票指數投資報酬率爲獨立變數。Excel提供求解線性迴歸方程式係數的函數。

表92.1

日期	台積電	台灣證券交易所股票集中市場加權指數
2/1	101.5	5897.93
2/2	100.5	6049.26
2/5	98.5	5932.42
2/6	98	5849.06
2/7	91.5	5693.58
2/8	90.5	5758.60
2/9	91.5	5809.84
2/12	92	5847.07
2/13	98	6027.49
2/14	94	5887.68
2/15	100.5	6104.24
2/16	98	6045.67
2/19	96	5937.30
2/20	96	5971.29
2/21	97.5	5949.96
2/22	93.5	5759.04
2/23	91	5726.93
2/26	89	5716.02
2/27	90	5674.69

步驟一

將**表92.1**的資料輸入Excel工作表儲存格中。在儲存格A2到A20中輸入2001年2月份的股市交易日期；在儲存格B2到B20中輸入2001年2月份股市交易日當天所對應的台積電股票收盤價；將2001年2月份股市交易日當天所對應的台灣證券交易所股票集中市場加權指數資料輸入儲存格C2到儲存格C20。

步驟二

根據台積電2001年2月1日與2月2日的股價，我們可以使用滑鼠將游標移到儲存格D3，然後在儲存格D3輸入下列的公式以求得2001年2月2日的投資報酬率。

$$= （B3 - B2） / B2 * 100\%$$

2001年2月2日的投資報酬率-0.99％會顯示在儲存格D3。我們可以將類似的公式輸入其它從儲存格D4到D19共16個儲存格；也可以根據問題91所描述的方法，使用Excel所提供的「複製」功能將儲存格D3的公式複製到其它從儲存格D4到儲存格D19共16個儲存格。同樣地，我們可以使用Excel在儲存格E3到儲存格E19算出台灣證券交易所股票集中市場加權指數從2001年2月2日到2月27日共18個股市交易日的投資報酬率。

步驟三

既然已知台積電股票與台灣證券交易所股票集中市場加權指數從2001年2月2日到2月27日共18個股市交易日的投資報酬率，我們就可以求解迴歸係數。Excel提供一個稱爲「SLOPE」的函數來求解線性迴歸方程式的係

數。

使用滑鼠將游標移到儲存格C23，然後再使用滑鼠點選工作列的圖示「f_x」以啟動函數精靈視窗。之後用滑鼠在左半邊視窗的方格點選「統計」這個「函數類別」，然後我們可以在視窗右半邊的方格看到所有與有關「統計」的「函數名稱」。在「統計」這一種「函數類別」裏面連續點選「SLOPE」這個「函數名稱」兩次，此時可以看到一個引導我們輸入計算「SLOPE」所需參數的新視窗出現。

步驟四

在「SLOPE」視窗的參數欄位「Known_y's」輸入儲存格位址「D3：D20」（台積電股票的投資報酬率，相依變數）；在下一個參數欄位「Known_x's」輸入儲存格位址「E3：E20」（台灣證券交易所股票集中市場加權指數的投資報酬率，獨立變數）。在輸入這兩個參數值之後，我們可以使用滑鼠點選視窗右下方的「確定」選擇鈕。在Excel執行台積電股票投資報酬率與台灣證券交易所股票集中市場加權指數投資報酬率之間的迴歸係數計算結束後，計算結果1.41會顯示在儲存格C23。1.41正是台積電股票投資報酬率在2001年2月份的β值。

投資組合

問題93　兩種股票之股價變動關係的相關係數如何求得？

根據之前所討論的問題53，相關係數是兩個變數之間關係緊密程度的衡量基準。這個概念可以應用到構建風險性分散的投資組合。我們以台積電與聯電兩家公司在2001年2月的股價為例**表93.1**，應用Microsoft Excel工作表來計算這兩種股票之股價變動關係的相關係數。

表93.1

日期	台積電	聯電
2/1	101.5	57.5
2/2	100.5	58.5
2/5	98.5	56
2/6	98	56
2/7	91.5	52.5
2/8	90.5	53.5
2/9	91.5	54.5
2/12	92	54.5
2/13	98	58
2/14	94	55
2/15	100.5	58.5
2/16	98	59.5
2/19	96	59.5
2/20	96	58
2/21	97.5	58.5
2/22	93.5	55.5
2/23	91	54.5
2/26	89	53.5
2/27	90	53

步驟一

　　將**表93.1**的資料輸入Excel工作表儲存格中。在儲存格A2到A20中輸入2001年2月份的股市交易日期；在儲存格B2到B20中輸入2001年2月份股市交易日當天所對應的台積電股票收盤價；在儲存格C2到C20中輸入2001年2月份股市交易日當天所對應的聯電股票收盤價。

步驟二

　　根據問題91與問題92所討論過的公式與方法，我們可以在儲存格D3到D20中求得台積電股票的投資報酬率，也可以在儲存格E3到E20中求得

聯電股票的投資報酬率。

步驟三

使用滑鼠將游標移到儲存格E22，然後再使用滑鼠點選工作列的圖示
「f_x」以啟動函數精靈視窗。之後用滑鼠在左半邊視窗的方格點選「統計」
這個「函數類別」，然後我們可以在視窗右半邊的方格看到所有與有關「統
計」的「函數名稱」。在「統計」這一種「函數類別」裏面連續點選
「CORREL」這個「函數名稱」兩次，此時可以看到一個引導我們輸入計算
「CORREL」所需參數的新視窗出現。

步驟四

在「CORREL」視窗的參數欄位「Array1」輸入儲存格位址「B2：
B20」（台積電股票的投資報酬率）；在下一個參數欄位「Array2」輸入儲
存格位址「C2：C20」（聯電股票的投資報酬率）。在輸入這兩個參數值之
後，我們可以使用滑鼠點選視窗右下方的「確定」選擇鈕。在Excel執行台
積電股票投資報酬率與聯電股票投資報酬率之間的相關係數計算結束後，
計算結果0.8295會顯示在儲存格E22。0.8295正是台積電股票投資報酬率
與聯電股票投資報酬率在2001年2月份的相關係數。

問題94　如何計算投資組合的預期投資報酬率與風險性？

首先我們來看如何計算由兩種股票所構成之投資組合的預期投資報酬
率與風險性。假設某一投資組合 P（投資總值$100,000）包含兩種股票：
股票 X（投資金額60,000）與股票 Y（投資金額$40,000），則此一投資組合
裏面股票 X 與股票 Y 所佔的權值分別為0.6與0.4。同時假設股票 X 與股票 Y
各自的預期投資報酬率及風險性如**表94.1**所示。

假設股票 X 投資報酬率與股票 Y 投資報酬率之間的相關係數等於

表94.1

	股票 X	股票 Y
預期投資報酬率	12％	18％
風險性	10％	20％

0.75。

步驟一

　　將表94.1的資料輸入Excel工作表儲存格中。在儲存格B2與B3中分別輸入股票X的預期投資報酬率與風險性；在儲存格C2與C3中分別輸入股票Y的預期投資報酬率與風險性。在儲存格B4與C4中分別輸入股票X與股票Y在投資組合P裏面所佔的權值0.6與0.4。在儲存格C5中輸入股票X投資報酬率與股票Y投資報酬率之間的相關係數0.75。Excel沒有提供任何預設的函數來計算投資組合的投資報酬率或風險性，所以我們必須自行構建公式。

步驟二

　　使用滑鼠將游標移到儲存格D1，在儲存格D1輸入「投資組合P」做為該欄的標題。然後在儲存格D2輸入下列計算投資組合預期投資報酬率的公式：

$$= B2 * B4 + .C2 * C4$$

投資組合P預期投資報酬率的計算結果14.4％會顯示在儲存格D2。

步驟三

使用滑鼠將游標移到儲存格D3，然後在儲存格D3輸入下列計算投資組合風險性的公式：

$$= SQRT（B4^2 * B3^2 + C4^2 * C3^2 + 2 * B4 * C4 * C5 * B3 * C3）$$

投資組合P風險性的計算結果13.1％會顯示在儲存格D3。

在計算風險性時，我們必須考慮共變數項。若共變數項未知，則我們可以用下列三個統計值的乘積來求得共變數：股票X投資報酬率的標準差、股票Y投資報酬率的標準差、股票X投資報酬率與股票Y投資報酬率之間的相關係數。

問題95　為了控制某一投資組合的風險性在某一預設的目標，此一投資組合中兩種股票的權值如何求得？

根據問題94所討論的股票X與股票Y，假設我們要構建一個投資組合且使其風險性控制在12％的預設目標值，則我們所做的是嘗試找出使此一投資組合風險性等於12％的股票X權值與股票Y權值，而不是在投資組合風險性等於12％的情況下最佳化投資組合的投資報酬率。我們將在問題96針對最佳化投資組合報酬率的問題進行討論。

為了找出能使投資組合的風險性等於某一預設目標值的各股票權值，我們使用Excel所提供的「目標搜尋」工具。要使用這項工具，我們必須先假設此二種股票在投資組合裏面所分別佔的權值。

假設我們先設定股票X與股票Y所分別佔的權值為0.6與0.4，然後我們根據下列的步驟使用Excel的「目標搜尋」工具：

步驟一

在下列的儲存格輸入以下的數值：

儲存格B2　　12％（股票*X*的投資報酬率）
儲存格C2　　18％（股票*Y*的投資報酬率）
儲存格B3　　10％（股票*X*的風險性）
儲存格C3　　20％（股票*Y*的風險性）
儲存格B4　　0.6（股票*X*所佔的權值）
儲存格C4　　＝（1－B4）（股票*Y*所佔的權值）
儲存格C5　　0.75（相關係數）

步驟二

在儲存格D3輸入下列公式：

$$= SQRT（B4\wedge2 * B3\wedge2 + C4\wedge2 * C3\wedge2 + 2 * B4 * C4 * C5 * B3 * C3）$$

投資組合風險性的計算結果13.1％會顯示在儲存格D3。

步驟三

　　為了使儲存格D3的數值等於12％，我們可以藉由使用Excel的「目標搜尋」工具來改變儲存格B4的內容。

　　先使用滑鼠點選Excel視窗選單的「工具」，然後我們可以看到一個選單列出Excel所提供的所有工具名稱，其中一個稱為「目標搜尋」。接著使用滑鼠點選「目標搜尋」，此時會出現一個「目標搜尋」視窗引導我們將內容輸入三個欄位：「目標儲存格」、「目標值」、「變數儲存格」。「目標儲

存格」是我們所想要設定數值的儲存格。根據上述的例子，「目標儲存格」是儲存格D3。「目標值」是我們所想要設定數值的大小。根據上述的例子，「目標值」等於12％。「變數儲存格」是我們所想要改變的數值所存放的儲存格，藉由改變此一儲存格的數值大小，我們可以使「目標儲存格」的數值大小等於「目標值」。根據上述的例子，「變數儲存格」是儲存格B4。

在「目標搜尋」視窗的欄位輸入以下的參數內容：

「目標儲存格」欄位輸入「D3」

「目標值」欄位輸入「12％」

「變數儲存格」欄位輸入「B4」

在輸入這些參數值之後，我們使用滑鼠點選視窗左下方的「確定」選擇鈕來求解最適當的權值組合。此時儲存格B4的數值變為0.716，且儲存格C4的數值變為0.284；即是股票X在投資組合裏面所佔的權值等於0.716，而股票Y在投資組合裏面所佔的權值等於0.284。

藉由以上權值所構成之投資組合的投資報酬率13.71％顯示在儲存格D2。

問題96　若是某一投資組合已有預設的風險性，如何計算最佳化的投資報酬率？

假設某一投資組合由股票X、股票Y、股票Z等三種股票所構成，且個別股票的投資報酬率分別為12％、18％、24％。此三種股票的變異數——共變數矩陣如表96.1所示。

根據此一矩陣的資料，股票X、股票Y、股票Z等三種股票的變異數分別為0.01、0.04、0.09，也就是說此三種股票的標準差分別等於0.1、0.2、0.3。股票X與股票Y之間的共變數等於－0.1；股票Y與股票Z之間的

表96.1

	X	Y	Z
X	0.01	-0.1	-0.3
Y	-0.1	0.04	-0.2
Z	-0.3	-0.2	0.09

共變數等於－0.2；股票X與股票Z之間的共變數等於－0.3。

　　首先假設此三種股票以等比例的方式構成投資組合,也就是說我們可以設定此三種股票在投資組合裏面所佔的權值分別等於0.33、0.33、0.34。藉由這些權值的設定,我們可以計算此一投資組合的投資報酬率與風險性。如果我們限定此一投資組合的風險性不可以超過某一預設值,比方說是8%,則我們可以使用Excel所提供的「規劃求解」工具求解能使投資報酬率最大化的權值組合。

步驟一

　　在儲存格B2、儲存格C2、儲存格D2分別輸入股票X、股票Y、股票Z等三種股票的投資報酬率12%、18%、24%。

　　在儲存格B3、儲存格C3、儲存格D3分別輸入股票X、股票Y、股票Z等三種股票的風險性10%、20%、30%。

　　在儲存格B4、儲存格C4、儲存格D4分別輸入股票X、股票Y、股票Z等三種股票的預設權值0.33、0.33、0.34。

　　在儲存格B5、儲存格C5、儲存格D5分別輸入股票X、股票Y、股票Z等三種股票之間的共變數－0.1、－0.2、－0.3。

步驟二

　　在儲存格E4輸入下列的權值加總計算公式:

$$= B4 + C4 + D4$$

各股票權值的加總必須等於1。

在儲存格E2輸入下列的投資組合之投資報酬率計算公式：

$$= B2 * B4 + C2 * C4 + D2 * D4$$

投資組合預期投資報酬率的計算結果18.06％會顯示在儲存格E2。

在儲存格E3輸入下列的投資組合之風險性計算公式：

$$= SQRT（B3\text{^}2 * B4\text{^}2 + C3\text{^}2 * C4\text{^}2 + D3\text{^}2 * D4\text{^}2$$
$$+ 2 * B4 * C4 * B5 * B3 * C3 + 2 * C4 * D4 * C5 * C3 * D3$$
$$+ 2 * B4 * D4 * D5 * B3 * D3）$$

投資組合風險性的計算結果10.34％會顯示在儲存格E3。

步驟三

在限定此一投資組合的風險性不可以超過8％的條件下，現在我們可以使用Excel所提供的「規劃求解」工具求解能使投資報酬率最大化的股票X、股票Y、股票Z等三種股票之最適權值組合。

先使用滑鼠點選Excel視窗選單的「工具」，然後我們可以看到一個選單列出Excel所提供的所有工具名稱，其中一個稱為「規劃求解」。接著使用滑鼠點選「規劃求解」，此時會出現一個「規劃求解參數」視窗引導我們將參數輸入適當的欄位。

從「規劃求解參數」視窗的欄位輸入以下的參數內容：

在「設定目標儲存格」欄位輸入「E2」

在「等於」選擇欄位選取「最大值」

在「變數儲存格」欄位輸入「B4：D4」

點選「限制式」右邊的「新增」選擇鈕來增加限制式

此時改出現一個「新增限制式」視窗引導我們將參數輸入適當的欄位

在「儲存格參照地址」欄位輸入「E3」

從運算元下拉式選擇表中選取「＜＝」

在「限制值」欄位輸入「8％」

使用滑鼠點選「新增限制式」視窗下方的「新增」選擇鈕再增加一個
　　限制式

在「儲存格參照地址」欄位輸入「E4」

從運算元下拉式選擇表中選取「＝」

在「限制值」欄位輸入「1」

使用滑鼠點選「新增限制式」視窗左下方的「確定」選擇鈕

此時「規劃求解參數」視窗會再次出現

使用滑鼠點選「規劃求解參數」視窗右上方的「求解」選擇鈕

此時改出現一個「規劃求解結果」視窗

使用滑鼠點選「規劃求解結果」視窗左下方的「確定」選擇鈕

　　最後我們可以從工作表上看到能使投資報酬率最大化的股票 X、股票 Y、股票 Z 等三種股票之最適權值組合為 0.475、0.289、0.236；而風險性控制在 8％的情況下，最佳投資報酬率為 16.56％。

選擇權

問題97　如何使用二項分配選擇權評價模型的公式計算選擇權的價格？

根據問題73的討論，我們已知如何應用二項分配選擇權評價模型的公式來求得買權的價格。現在我們要藉由Excel的幫助並應用二項分配選擇權評價模型的公式來求得買權的價格。假設某一買權之投資標的物在現貨市場的價格等於$38，此一買權的履約價格等於$35，該買權之投資標的物一個月後在現貨市場的價格只可能上漲15％或是下跌5％，且現在距離買權履約日期的時間為2個月。同時假設無風險性的利率等於5％。

使用Excel的優點是它能夠提供我們計算所必須運用的二項分配機率值。首先我們在工作表的儲存格內輸入**表97.1**的資料。

在工作表內輸入以上的數值之後，我們可以藉由下列的步驟應用二項分配選擇權評價模型的公式來求得買權的價格。

步驟一

使用滑鼠將游標移到儲存格B6，在儲存格B6輸入下列計算p值的公

表97.1

選擇權之投資標的物在現貨市場的價格CP	$38	儲存格B1
選擇權的履約價格SP	$35	儲存格B2
選擇權之投資標的物每一期的價格上漲乘數u	1.15	儲存格B3
選擇權之投資標的物每一期的價格下跌乘數d	0.95	儲存格B4
金融市場上無風險性的利率乘數R	1.05	儲存格B5

式：

$$= (B5 - B4) / (B3 - B4)$$

p值的計算結果0.5會顯示在儲存格B6。

步驟二

使用滑鼠將游標移到儲存格B7，在儲存格B7輸入下列計算（$1-p$）值的公式：

$$= (1 - B6)$$

（$1-p$）值的計算結果0.5會顯示在儲存格B7。

步驟三

使用滑鼠將游標移到儲存格B8，在儲存格B8輸入下列計算b值的公式：

$$= B6 * B3 / B5$$

b值的計算結果0.5476會顯示在儲存格B8。

步驟四

使用滑鼠將游標移到儲存格B9，在儲存格B9輸入下列計算（$1-b$）值的公式：

$$= (1 - B8)$$

$(1 - b)$ 值的計算結果 0.4524 會顯示在儲存格 B9。

步驟五

使用滑鼠將游標移到儲存格 B10，在儲存格 B10 輸入下列計算 ln（SP / CP / d^n）值的公式：

$$= LN (B2 / (B1 * B4^2))$$

ln（SP / CP / d^n）值的計算結果 0.0203 會顯示在儲存格 B10。（「LN」是一個 Excel 提供來計算以 e 為底之對數 log 的函數，我們也可以利用 Excel 的函數精靈來找到這個函數。）

步驟六

使用滑鼠將游標移到儲存格 B11，在儲存格 B11 輸入下列計算 ln（u / d）值的公式：

$$= LN (B3 / B4)$$

ln（u / d）值的計算結果 0.1910 會顯示在儲存格 B11。

步驟七

使用滑鼠將游標移到儲存格 B12，在儲存格 B12 輸入下列計算 a 值的公式：

$$= ROUNDUP（B10 / B11, 0）$$

a值等於恰巧大於$\ln（SP / CP / d^n）/ \ln（u / d）$的整數。$a$值的計算結果1會顯示在儲存格B12。（「ROUNDUP」是一個Excel提供將具有小數部分的數字以無條件方式進位成整數的函數，我們也可以利用Excel的函數精靈f_x來找到這個函數。）

步驟八

接著我們必須求出當n等於2時的二項分配機率——$B〔n , a , b〕$與$B〔n , a , p〕$。我們已經計算得知a值等於1、p值等於0.5、b值等於0.5476。藉由這些數值與Excel所提供的「BINOMDIST」函數，我們可以求出二項分配的機率。

使用滑鼠將游標移到儲存格B13，在儲存格B13輸入下列計算二項分配機率的公式：

$$= BINOMDIST（1, 2, \$B\$8, False）$$

這個公式計算當b值的機率等於儲存格B8的數值且距離買權履約日期的時間為兩期時，選擇權之投資標的物的價格恰巧只有一期會上漲的機率。參數「False」是一個邏輯值，表示機率的計算並非採用累積機率的方式。

同樣地，使用滑鼠將游標移到儲存格C13，在儲存格C13輸入下列計算二項分配機率的公式：

$$= BINOMDIST（2, 2, \$B\$8, False）$$

這個公式計算當b值的機率等於儲存格B8的數值且距離買權履約日期的時間為兩期時，選擇權之投資標的物的價格恰巧兩期都會上漲的機率。

使用滑鼠將游標移到儲存格D13，在儲存格D13輸入下列計算$B[n,a,b]$的公式：

$$= B13 + C13$$

我們將以上兩個利用「BINOMDIST」函數所計算出來的二項分配機率加總，並在儲存格D13表示$B[n,a,b]$的數值。

我們可以利用同樣的方法在儲存格B14與儲存格C14分別計算「＝BINOMDIST（1, 2, \$B\$6, False）」與「＝BINOMDIST（2, 2, \$B\$6, False）」，並將這兩個二項分配機率加總，在儲存格D14表示$B[n,a,p]$的數值。

步驟九

使用滑鼠將游標移到儲存格B15，在儲存格B15輸入下列計算選擇權價值的公式：

$$= B1 * D13 - B2 / (B5\wedge 2) * D14$$

選擇權價值的計算結果6.41會顯示在儲存格B15。

問題98　如何使用Black-Scholes選擇權評價模型的公式計算選擇權的價格？

根據問題74的討論，我們已知如何應用Black-Scholes選擇權評價模型的公式來求得歐式買權的價格。一旦我們經由計算得知買權的價值，就可

以利用買權——賣權平價關係來求得性質相對應的賣權之價值。

我們已知Black-Scholes選擇權評價模型的公式如下：

假設某一買權之投資標的物在現貨市場的價格等於$40，此一買權的履約價格等於$38，該買權之投資標的物的價格變動風險性等於30％，且現在距離買權履約日期的時間為3個月。同時假設無風險性的利率等於5％。

下列的步驟可以幫助我們使用Excel並應用Black-Scholes選擇權評價模型的公式來求得買權的價格。

步驟一

在下列的儲存格輸入以下的數值：

儲存格B1　40（買權之投資標的物在現貨市場的價格）
儲存格B2　38（買權的履約價格）
儲存格B3　0.25（現在距離買權履約日期的時間 t）
儲存格B4　0.05（無風險性的利率 r）
儲存格B5　30％（買權之投資標的物的價格變動風險性 σ）

步驟二

使用滑鼠將游標移到儲存格B6，在儲存格B6輸入下列計算 e^{-rt} 值的公式：

$$＝EXP（－B4＊B3）$$

e^{-rt} 值的計算結果0.99會顯示在儲存格B6。

步驟三

使用滑鼠將游標移到儲存格 B7，在儲存格 B7 輸入下列計算 d_1 值的公式：

$$= LN(B1/(B2 * B6))/(B5 * SQRT(B3)) + 0.5 * B5 * SQRT(B3)$$

d_1 值的計算結果 0.5003 會顯示在儲存格 B7。

步驟四

使用滑鼠將游標移到儲存格 B8，在儲存格 B8 輸入下列計算 d_2 值的公式：

$$= B7 - B5 * SQRT（B3）$$

d_2 值的計算結果 0.3503 會顯示在儲存格 B8。

步驟五

使用滑鼠將游標移到儲存格 B9，在儲存格 B9 輸入下列計算 d_1 值常態分配機率 $N（d_1）$ 的公式：

$$= NORMSDIST（B7）$$

$N（d_1）$ 的計算結果 0.6916 會顯示在儲存格 B9。（「NORMSDIST」是一個 Excel 提供用來計算常態分配機率的函數，我們也可以利用 Excel 的函數精靈 f_x 來找到這個函數。）

步驟六

使用滑鼠將游標移到儲存格B10，在儲存格B10輸入下列計算d_2值常態分配機率$N(d_2)$的公式：

$$= \text{NORMSDIST}(B8)$$

$N(d_2)$的計算結果0.6370會顯示在儲存格B10。

步驟七

使用滑鼠將游標移到儲存格B11，在儲存格B11輸入下列計算選擇權價值的公式：

$$= B1 * B9 - B2 * B6 * B10$$

選擇權價值的計算結果3.76會顯示在儲存格B11。

問題99 如何計算認股權證的價值？

我們根據問題75的例子來計算認股權證的價值。假設某一股本為$50,000,000（面額$10的股票共5,000,000股）的公司伴隨著公司債的發行而附加發行了1,000,000單位的認股權證。每一單位的認股權證賦予其持有者在一年後以$50的價格購買該公司股票一股的權利。現在該公司股票在市場上的價格為每股$60。我們假設無風險性的利率等於12%，且該股票價格的變異性，即是其標準差等於0.5。

所有在Black-Scholes選擇權評價模型所需用到的參數值如下所示：

$$CP = \$60$$

$$SP = \$50$$

距離認股權證的權利到期日 $t = 1$ 年

無風險性的利率 $r = 12\%$

股票價格的變異性 $\sigma = 0.5$

根據問題98所描述的步驟，我們可以應用Black-Scholes選擇權評價模型的公式來計算認股權證的價值。

就步驟一來說，我們在儲存格B1到儲存格B5輸入以上的參數值。步驟二所算出的 e^{-rt} 等於0.89；步驟三所算出的 d_1 等於0.8546；步驟四所算出 d_2 的等於0.3546；步驟五所算出的 $N(d_1)$ 等於0.8036；步驟六所算出的 $N(d_2)$ 等於0.6386。藉由這些數值，Excel可以計算出此一認股權證的價值等於$19.90。

問題100　如何計算可轉換公司債的價值？

我們根據問題78的例子來計算可轉換公司債的價值。假設某公司發行贖回日期在六年後且面值等於$100的可轉換公司債，票面利率為12％，票面利息每年支付一次。可轉換公司債的持有者可以在第二年末選擇將一單位的公司債轉換為轉換價格等於$25的股票四單位。我們必須分別計算可轉換公司債的單純公司債價值、轉換價值、選擇性價值，並且找出單純公司債價值與轉換價值之間的最大值——max〔單純公司債的價值，轉換的價值〕，再加上選擇性的價值以求得可轉換公司債的價值。我們可以藉由下列的算式得到可轉換公司債的價值：

Max〔單純公司債的價值，轉換的價值〕＋選擇性的價值

單純公司債的價值等於可轉換公司債所收到票面利息的現值加上贖回面值金額的現值。假設金融市場上的折現率為14%，則單純公司債的價值可以藉由下列算式求得：

$$\sum_{i=1}^{6} = \frac{12}{(1+0.14)^i} + \frac{100}{(1+0.14)^6}$$

轉換的價值必須根據轉換日期當天的股票價值而定。根據這個例子，一單位的可轉換公司債可以**轉換**為四單位的股票。如果在轉換日期當天的每股股票價值等於$30，且金融市場上的折現率為14%，則轉換的價值將等於$120（$30×4）的現值加上已經收到票面利息的現值。

$$\sum_{i=1}^{2} = \frac{12}{(1+0.14)^i} + \frac{120}{(1+0.14)^2}$$

選擇性的價值是因為可轉換公司債的持有者具有選擇轉換與否的權利而產生。藉由衡量股票價格的標準差 σ，我們可以得到可轉換公司債的風險性。我們假設無風險性的利率等於14%，且股票價格的風險性（即其標準差 σ）等於0.33。

根據問題84的討論，我們已知如何使用Excel工作表計算現值；同時，根據問題98的討論，我們已知如何使用Excel並應用Black-Scholes選擇權評價模型的公式來求得買權的價格。藉由下列的步驟，我們可以使用Excel分別計算出可轉換公司債的單純公司債價值、轉換價值、選擇性價值。

步驟一（單純公司債價值）

在下列的儲存格輸入以下的數值：

儲存格B1　12（可轉換公司債每一期的票面利息）

儲存格B2　14％（金融市場上的折現率）

儲存格B3　6（現在距離可轉換公司債贖回的期數）

儲存格B4　100（可轉換公司債的面值）

藉由使用的Excel的「PV」函數，我們可以在儲存格B6求得可轉換公司債的單純公司債價值等於$92.22。（我們使用Excel計算淨現值需要輸入五個參數值：在欄位「Rate」輸入「B2」；在欄位「Nper」輸入「B3」；在欄位「Pmt」輸入「B1」；在欄位「Fv」輸入「B4」；我們省略了欄位「Type」的輸入。）

步驟二（轉換價值）

在下列的儲存格輸入以下的數值：

儲存格D1　12（可轉換公司債每一期的票面利息）

儲存格D2　14％（金融市場上的折現率）

儲存格D3　2（可轉換公司債可收到票面利息的期數）

儲存格D4　120（每單位可轉換公司債在轉換日期當天所轉換的股票價值）

藉由使用的Excel的「PV」函數，我們可以在儲存格D6求得可轉換公司債的轉換價值等於$112.10。（我們使用Excel計算淨現值需要輸入五個參數值：在欄位「Rate」輸入「D2」；在欄位「Nper」輸入「D3」；在欄位「Pmt」輸入「D1」；在欄位「Fv」輸入「D4」；我們省略了欄位

「Type」的輸入。）

步驟三（選擇性價值）

在下列的儲存格輸入以下的數值：

儲存格F1　　25（可轉換公司債之標的股票的轉換價格）

儲存格F2　　30（可轉換公司債之標的股票在轉換日期當天的現貨市場價格）

儲存格F3　　2（可轉換公司債可收到票面利息的期數）

儲存格F4　　0.14（無風險性的利率r）

儲存格F5　　0.33（可轉換公司債之標的股票的價格變動風險性σ）

在儲存格F6輸入「＝EXP（－F4＊F3）」的公式，e^{-rt}值的計算結果0.76會顯示在儲存格F6；在儲存格F7與儲存格F8分別輸入「＝LN（F1／（F2＊F6））／（F5＊SQRT（F3））＋0.5＊F5＊SQRT（F3）」與「＝F7－F5＊SQRT（F3）」的公式，d_1值與d_2值的計算結果0.4426與－0.0240會分別顯示在儲存格F7與儲存格F8；在儲存格F9與儲存格F10分別輸入「＝NORMSDIST（F7）」與「＝NORMSDIST（F8）」的公式，$N(d_1)$值與$N(d_2)$值的計算結果0.6710與0.4904會分別顯示在儲存格F9與儲存格F10。最後，在儲存格F11輸入「＝F1＊F9－F2＊F6＊F10」的公式，我們可以在儲存格F11求得可轉換公司債的選擇性價值等於\$5.65。

步驟四

單純公司債價值與轉換價值之間的最大值等於\$112.10。我們將最大值\$112.10再加上選擇性的價值\$5.65即可求得可轉換公司債的價值。

我們可以在儲存格H13輸入下列的算式：

$$= MAX（B6, D6）＋F11$$

即可得到可轉換公司債的價值等於 $117.75。（「MAX」是一個Excel提供用來找出一連串數值之中最大值的函數，我們也可以利用Excel的函數精靈 f_x 來找到這個函數。）

財務資產評價之數量方法一百問

原　　著 / A.S. Ramasastri
譯　　者 / 陳智暐
校　　訂 / 黃志典
執行編輯 / 黃碧釧
出 版 者 / 弘智文化事業有限公司
登 記 證 / 局版台業字第 6263 號
地　　址 / 台北市大同區民權西路 118 巷 15 弄 3 號 7 樓
電　　話 / （02）2557-5685 · 0932321711 · 0921121621
傳　　真 / （02）2557-5383
發 行 人 / 邱一文
書店經銷 / 旭昇圖書有限公司
地　　址 / 台北縣中和市中山路 2 段 352 號 2 樓
電　　話 / （02）22451480
傳　　真 / （02）22451479
製　　版 / 信利印製有限公司
版　　次 / 2000 年 6 月初版一刷
定　　價 / 新台幣 290 元
弘智文化出版品進一步資訊歡迎至網站瀏覽：
http://www.honz-book.com.tw

ISBN 957-0453-31-1

國家圖書館出版品預行編目資料

財務資產評價之數量方法一百問 / A. S.
　Ramasastri作；陳智暐譯. -- 初版. --臺
北市：弘智文化, 2001〔民90〕
　面：　　公分
　譯自：Quantitative methods for
valuation of financial assets : 100
questions and answers
　ISBN 957-0453-31-1（平裝）

1. 證券 - 問題集　2. 投資 - 問題集

563.5022　　　　　　　　　90007651

弘智文化價目表

弘智文化出版品進一步資訊歡迎至網站瀏覽：honz-book.com.tw

書　名	定價	書　名	定價
社會心理學（第三版）	700	生涯規劃：掙脫人生的三大枷鎖	250
教學心理學	600	心靈塑身	200
生涯諮商理論與實務	658	享受退休	150
健康心理學	500	婚姻的轉捩點	150
金錢心理學	500	協助過動兒	150
平衡演出	500	經營第二春	120
追求未來與過去	550	積極人生十撇步	120
夢想的殿堂	400	賭徒的救生圈	150
心理學：適應環境的心靈	700		
兒童發展	出版中	生產與作業管理（精簡版）	600
為孩子做正確的決定	300	生產與作業管理(上)	500
認知心理學	出版中	生產與作業管理(下)	600
照護心理學	390	管理概論：全面品質管理取向	650
老化與心理健康	390	組織行為管理學	800
身體意象	250	國際財務管理	650
人際關係	250	新金融工具	出版中
照護年老的雙親	200	新白領階級	350
諮商概論	600	如何創造影響力	350
兒童遊戲治療法	500	財務管理	出版中
認知治療法概論	500	財務資產評價的數量方法一百問	290
家族治療法概論	出版中	策略管理	390
婚姻治療法	350	策略管理個案集	390
教師的諮商技巧	200	服務管理	400
醫師的諮商技巧	出版中	全球化與企業實務	900
社工實務的諮商技巧	200	國際管理	700
安寧照護的諮商技巧	200	策略性人力資源管理	出版中
		人力資源策略	390

書 名	定 價		書 名	定 價
管理品質與人力資源	290		社會學：全球性的觀點	650
行動學習法	350		紀登斯的社會學	出版中
全球的金融市場	500		全球化	300
公司治理	350		五種身體	250
人因工程的應用	出版中		認識迪士尼	320
策略性行銷（行銷策略）	400		社會的麥當勞化	350
行銷管理全球觀	600		網際網路與社會	320
服務業的行銷與管理	650		立法者與詮釋者	290
餐旅服務業與觀光行銷	690		國際企業與社會	250
餐飲服務	590		恐怖主義文化	300
旅遊與觀光概論	600		文化人類學	650
休閒與遊憩概論	600		文化基因論	出版中
不確定情況下的決策	390		社會人類學	390
資料分析、迴歸、與預測	350		血拼經驗	350
確定情況下的下決策	390		消費文化與現代性	350
風險管理	400		肥皂劇	350
專案管理師	350		全球化與反全球化	250
顧客調查的觀念與技術	450		身體權力學	320
品質的最新思潮	450			
全球化物流管理	出版中		教育哲學	400
製造策略	出版中		特殊兒童教學法	300
國際通用的行銷量表	出版中		如何拿博士學位	220
組織行為管理學	800		如何寫評論文章	250
許長田著「行銷超限戰」	300		實務社群	出版中
許長田著「企業應變力」	300		現實主義與國際關係	300
許長田著「不做總統，就做廣告企劃」	300		人權與國際關係	300
許長田著「全民拼經濟」	450		國家與國際關係	300
許長田著「國際行銷」	580			
許長田著「策略行銷管理」	680		統計學	400

書　名	定　價	書　名	定　價
類別與受限依變項的迴歸統計模式	400	政策研究方法論	200
機率的樂趣	300	焦點團體	250
		個案研究	300
策略的賽局	550	醫療保健研究法	250
計量經濟學	出版中	解釋性互動論	250
經濟學的伊索寓言	出版中	事件史分析	250
		次級資料研究法	220
電路學（上）	400	企業研究法	出版中
新興的資訊科技	450	抽樣實務	出版中
電路學（下）	350	十年健保回顧	250
電腦網路與網際網路	290		
應用性社會研究的倫理與價值	220	**書僮文化價目表**	
社會研究的後設分析程序	250		
量表的發展	200	台灣五十年來的五十本好書	220
改進調查問題：設計與評估	300	２００２年好書推薦	250
標準化的調查訪問	220	書海拾貝	220
研究文獻之回顧與整合	250	替你讀經典：社會人文篇	250
參與觀察法	200	替你讀經典：讀書心得與寫作範例篇	230
調查研究方法	250		
電話調查方法	320	生命魔法書	220
郵寄問卷調查	250	賽加的魔幻世界	250
生產力之衡量	200		
民族誌學	250		